分散する生き方

■　■　■　■

多拠点ライフ

MULTI-LIVING LIFE

石山アンジュ

ANJU ISHIYAMA

CROSSMEDIA PUBLISHING

はじめに

私たちは今、激動の時代を生きています。

先の見えない物価高騰、不安定な国際情勢、大地震や自然災害、未知の感染症。成長を前提とする時代から、「何が起きるかわからない」といったリスクと共存することが前提の社会へと一変しました。

一方で、コロナウィルス拡大以降、急速な社会のデジタル化によって、リモートワークが普及し多くの人が場所にとらわれない働き方や暮らし方の選択肢を持てるようにもなりました。

そんな中、ひとつの場所に縛られずにいくつもの帰る場所を持つ、「多拠点ライフ」という生き方が広がりはじめています。ある時は田舎で暮らし、ある時は都会で暮らす。キャンピングカーで移動しながら暮らすように旅をする、サウナ好きなら川の近くに、サーフィンなら海の近くに、週末だけ過ごす拠点を持つ。自然の近くで1人ゆっくりできる隠れ家を持つ。緩やかに地域と人とつながりながら、全国に、世界中に、いくつもの「ただいま」と言える場所がある生き方。

かつては一部の人しかできないと考えられてきた暮らしが、本書で紹介していく様々なイノベーションやサービスの登場によって、誰もが、気軽に、手軽に、今すぐ、多拠点ライフを始められるようになりました。

現在私は、東京都・渋谷のシェアハウスと、大分県・豊後大野市の田舎の古民家に住まいを構えながら、1ヶ月のうち10日を東京、10日を大分、その他の時間を全国色々な地域へ仕事や旅を目的に訪れる、そんな「多拠点ライフ」を送っています。

私はもともとシェアハウスで育ち、二拠点生活を始めて4年が経つけれど、この数年で、本書で紹介する多拠点ライフのさまざまな働き方、暮らし方、価値観の選択肢が急激に多様化したことにより、さらにおもしろい場所や人との出会いに溢れる、1日たりとも同じように感じる日がないようなワクワクする日常に変わっていきました。

そして充実感だけでなく、「何かあっても、どこでも生きていける」という安心感と豊かさを同時に抱えているような感覚もあります。

本書で最もお伝えしたいこと、それは「分散する」生き方の提案です。

色んなものをゼロから積み上げいくことが豊かさと安定だと言われてきた時代から、いくつもの選択肢を散りばめて、分散していく生き方が、豊かだと思える時代になる。そう私は確信しています。

家も仕事もつながりも、複数の小さな選択肢をいくつも持っていること、そこからまたつながって、誰かとシェアして、選択肢を増やしていくこと。変化の激しい世の中だからこそ、誰もが「分散する」思考を持つことが、この不安定な時代を、もうちょっと生きやすく、サバイブしていくためのセーフティネットになるのです。

そして、この山積みの問題を抱えた社会も、「分散型」に転換していく発想と実践こそ、持続可能な豊かさを享受することのできる未来への唯一の希望だと私は考えています。

あらゆるものが一極集中する都市型、大きな経済・社会モデルを目指してきた昭和・平成のロールモデルを手放し、あらゆるものを多極分散的に散りばめて、全国に魅力あるニューローカルが無数にできていく分散型社会へとパラダイムシフトを起こしましょう。

さあ、多拠点ライフを始めよう。

MULTI-LIVING LIFE

第2章 多拠点ライフで新しい幸せを手に入れる

MULTI-LIVING LIFE

第3章 多拠点ライフで見つけたそれぞれの幸せの形

MULTI-LIVING LIFE

第4章 多拠点ライフの心得。自分にも地球にもサステナブルな生き方をしよう

MULTI-LIVING LIFE

第5章 実践！ 今すぐ多拠点ライフを始める入門ガイド

ブックデザイン　金澤浩二

序章

私の多拠点ライフ

ウグイスの声で目覚める、大分の家のある一日

MULTI-LIVING LIFE

朝は鳥たちのさえずりで目覚め、コーヒーを淹れて庭に出てゆっくりと遠くの山を眺めながら大きく深呼吸。「おはよ〜」と集落のおばあちゃんが収穫したばかりの野菜のお裾分けをもってきて、古民家の縁側でお茶を飲んでいく。それがここ大分での朝の始まりです。

場所は、大分県の別府などの市街地から遠く離れた、〝超〟がつくほどの田舎。山岳地帯に囲まれた場所にポツンとある集落で、10年ほど空き家だった築90年の古民家。

日中はリモートでオンライン会議や作業をこなし、19時くらいに終業。古民家

で仕事をするときもあれば、場所を変えて、家から10分先にある川の目の前のカフェへ行くときもあります。

夏は19時でも外はまだ明るい。近くの温泉に入って、近所の友人や集落のおばあちゃんを呼んで縁側でバーベキューをして夕食を楽しみ、夕食後は満天の星を見ながら、焚き火を囲む。

そんな自然に囲まれた場所との二拠点生活をはじめたのは2019年からでした。初めてこの地を訪れた時、神奈川県横浜市の市街地で育った私には、何もかもが輝いて見えたことを今でも覚えています。

ここの集落は、私有地でも公有地でもない、地域の共同体で住んでいる集落の山一体を共同所有しながら維持していく入会地、いわゆるコモンズが残っている地域です。14世帯で集落の山から引いた湧水を共同管理したり、草刈りや慣行行事を行いながら、お裾分けから台風の備えまで、あらゆる生活における共有がいまだ残っている場所です。

最寄りの駅は電車が1時間に一本ほど。スーパーやコンビニへも7キロほどあり、ちょっとした買い物にも車が必要なところです。都会の生活のように、なんでもすぐ手に入る場所ではないけれど、その代わりに、なんでも貸し借りし合ったり、駅などに迎えに来てくれたり、お金には変えられないつながりがここにはあります。

スーパーに行けなくても、庭に植えた野菜を使ったり、集落に生えている山椒や梅の木、すももやびわ、つくしや筍、山菜などを採ってその日の夕食にできる。2021年から田んぼで米づくりも始めました。自分たちで育てた自家製米を釜で炊いていただいています。

お米づくりを始めてからは、毎年6月の田植えと10月の収穫時期には、東京や福岡から家族や友人たちが来てくれます。田んぼ作業をきっかけに、友人たちがこの地を好きになり定期的に滞在しに来てくれるようになりました。東京から来た自分がこの地を好きになり、今度は自分が都市と地域のハブになり、都市と地域の人たちが、つながり混ざり合っていくような光景を見ると嬉しくなります。

「何かあっても大丈夫」。悩み事があっても、ここにある大自然と、ゆるやかな人のつながりが、そんな不安をさらってくれるような安心感がここにはあります。そんな大きな拠り所がある生活は、どんなに忙しくても、東京から帰ってきたい、そう二拠点生活を続けたくなる理由があります。

東京シェアライフ。全国110人と家族になる拡張家族

MULTI-LIVING LIFE

大自然の大分から、東京都・渋谷のど真ん中のセンター街を通って帰ってくる場所、それが私が住む、拡張家族「Cift」のシェアハウスです。

「Cift」とは、血縁や制度によらず相手を家族だと思ってみようという意識を持ちながら一緒に生活をするコミュニティです。立ち上げ時の38人から、今は全国に約110人のメンバーがいます。年齢は0歳から60代まで。渋谷だけでなく京都にもシェアハウスの拠点があります。

ここに日常的に住んでいる人もいれば、普段は別のところに住んでいるけれど、もうひとつの家として、あるいは時々くる第三の居場所として、このコミュニ

ティに所属しているメンバーもいます。

100人いれば、100通りの家族観がある。私たちはそれぞれが育った環境や家族観を持ち寄りながら、生活や人生をシェアして、「家族とはなんだろう」という問いを日頃から分かち合い、対話を重ね、お互いが安心して豊かだと思える家族のあり方を模索しています。

私たちは共有のシェアハウス以外に、メンバーが持つ家や拠点をコミュニティの中でシェアする『全国家族拠点マップ』を持っていて、全国どこへ行っても「ただいま」と言える家がたくさんあります。私も沖縄にいく時は、沖縄に住んでいる拡張家族のおうちに泊まったり、これまでも熊本、福岡、静岡、三重、伊豆、逗子、と色んな場所に滞在してきました。

拡張家族の実家に泊まらせてもらうと「もう1人の娘ができた」と言ってくれたり、また私の横浜の実家に拡張家族を連れて帰ると、私の父は「今日からうちの冷蔵庫はきみのものだよ」と言います。家族同士がつながり大きな家族になっていく感覚や、実家をシェアして多世代で心を寄せ合う関係性が増えていくことは、豊かさと安心感を感じます。

「家族になってみる」という意識の共有を通じて人と深く関わろうとすることは、幸せなことだけでなく、時に衝突したり大変なこともあります。けれども、お互いの人生をシェアして、家族だと思って寄り添ってくれる家族がたくさんいる毎日に、とてつもなく幸せを感じています。

「人類皆家族」の輪が広がり、世界中に家族と思える人たちと、「おかえり」と言って待っていてくれる居場所が無数に広がっていく世界を夢見ています。

「シェア」から始まった、私の多拠点ライフ

MULTI-LIVING LIFE

現在私は、東京都・渋谷のシェアハウスと、大分県・豊後大野市の田舎の古民家に、それぞれに住まいを構えながら、1ヶ月のうち10日を東京、10日を大分、その他の時間で全国各地の色々な地域に仕事や旅を目的に訪れる、そんな「多拠点ライフ」な暮らしをしています。

いわゆる限界集落と言われている農村の古民家と、渋谷のシェアハウスというかなり極端なふたつの拠点を行き来しながら、ある時は沖縄で仕事をしながら、多拠点シェアサービスを利用してシェアハウスやゲストハウスに泊まり、ある時は全国にいる拡張家族のおうちや、実家に泊まらせてもらい、北海道から沖縄まで、毎月色んな地域で、旅をするように暮らしている生活です。会社のメンバー

との出張でもビジネスホテルではなく、ホームシェアリングサービスAirbnbを利用して、その地域のユニークな物件に泊まっています。

もともと私は、横浜市の実家のシェアハウスで育ちました。世界中を旅してきた父が連れてきた友人がいつも家に集まり、誰かの帰ってくる場所になっている。そんな血のつながらないお兄さんやお姉さんが同じ屋根の下にいるような環境が私の日常でした。宿題を手伝ってもらったり、歌やダンスを教えてもらったり、ブラジル人に言葉を教えてもらったり。そんな多様な人たちと人生をシェアする豊かさを知った経験は、私のシェアリングエコノミーを普及する活動の原点です。

２０１１年の東日本大震災の時、スーパーの棚から食べ物が空っぽになる光景を前に、有事の際にはいくらお金をもっていてもどうにもならないと思ったと同時に、頭によぎったのは、実家での経験から「シェアすればなんとかなる」でした。地震が起きても、全国に泊まっていいよと言ってくれるつながりこそがお金にかえられない資産であると強く思いました。

以後、シェアリングエコノミーを広げる活動を始めてからは、海外でも民泊やコーリビングのプラットフォームを使って、色んな人のおうちに泊まらせてもらいました。ホテル滞在では経験できないその土地のローカルな暮らしや日常を間近に見たり体験したりしてきました。

たった数日でもその地域に暮らしているような感覚を味わうことができ、一晩お酒を飲んで、ご飯を食べて、SNSで友達になって…と、各地に泊まれば泊まるほど、自然と大切なつながりが増えていく。初めて行った場所が、また帰ってきたい場所へと変わっていく経験は、かけがえのないものでした。

2016年に一般社団法人シェアリングエコノミー協会を立ち上げてからは、全国の地域課題をシェアで解決する「シェアリングシティ」という枠組みを自治体に広げてきました。2020年時点では、全国で130以上の自治体が取り組むまでになりました。

またシェアリングシティの実装をさらに加速させるため、シェアリングシティ協議会を立ち上げ、自治体の職員さん同士が事例やナレッジを共有したり、学びあうプラットフォームを運営しています。

２０１９年からは多拠点生活をする人、いわゆる「関係人口」の普及拡大について議論する政府の委員や地方創生の中期計画を議論する委員会の委員を拝命し、日本地域課題をシェアリングエコノミーを通じて解決する仕組みや考え方を提言したり、多拠点生活がしやすいインフラや環境をつくるための政策を提案しています。

新型コロナウィルスがもたらした変化とコロナ後の世界

MULTI-LIVING LIFE

二拠点生活を始めた当初は、東京にメインのオフィスを構えていました。社内ミーティングはオンラインで行ったとしても、取材対応や政府との会議は東京で対面するのが原則。1カ月のうち大分で暮らすのは1週間程度で、残りの3週間は東京でした。それがコロナを機に、その比率は見事に逆転。月に数十万円の家賃を払っていた東京のオフィスを最小限の契約に切り替えて、会社もフルリモートの働き方に切り替えました。大自然と人間中心の対極の世界を行き来するような生活を通じて、私の人生の幸福度はさらに上がり、仕事にも良い影響をもたらすようになっていきました。

新型コロナウィルスの拡大で、私たちは思わぬ社会の変化を経験することになりました。本当の幸せとは何か、困難な状況になった時、誰とどう過ごしたいのか。多くの人にとって働き方、暮らし方、生き方そのものを見直すタイミングとなったと思います。

私は、コロナ以前から新しいライフスタイルの選択肢として、多拠点ライフを提唱してしてきました。しかしこの社会変化を経験する中で、多拠点ライフを通じた「分散する生き方」と「分散する社会」こそが、不安定な現代、そしてアフターコロナの未来において、個人の不安を少しでも取り除き、安心できるセーフティネットになりうると強く思うようになりました。またそれらは、有事の際においても社会のサステナビリティを高めていくことのできる希望であると確信しています。

2023年7月、コロナが5類感染症に移行し収束しつつある今、コロナ前の社会に戻るのではなく、コロナで見えてきた様々な社会の歪みに向き合い、個人・企業・国が当たり前とされてきた物差しや価値観を問い直し、新しい豊かさを追求していく動きが広がっていくことを期待しています。

第1章

なぜ、今多拠点ライフなのか？

多拠点ライフとは？好きな時に好きな場所で過ごす多様なスタイル

MULTI-LIVING LIFE

多拠点生活とは、２ヶ所以上の地域に住まいや滞在先の選択肢を持ちながら、複数の拠点を行き来するような暮らしのスタイルです。ここ数年、二拠点生活（デュアルライフ）、多拠点生活、ワーケーション、アドレスホッパー、バンライフ…など、様々な新しいライフスタイルが注目されるようになりました。

都会に軸足を置きながら田舎でスローライフをするような都会と田舎を行き来するスタイル、平日は都市部で働き、週末は趣味の登山やキャンプ、トライアスロンやウィンタースポーツなどを目的に、山や海の近くに通うスタイル、全国、世界中のユニークなホテルを泊まり歩くようなスタイル、定住する家を持たずに移動しながら生活するアドレスホッピング、仕事の出張と旅行を合わせたワーケーションなど、仕事を中心に、または拠点を中心に、自分の好みに合わせて様々な多拠点ライフの類型があります。多拠点ライフは、自分の好きな時に好きな場所で過ごせる自由な暮らしのあり方なのです。

私が委員を務めていた、多拠点生活者の人口（関係人口）の定量化・類型化をはかる委員会で取りまとめた実態把握調査では、2021年公表時点で程度の差はあるものの、1800万人が特定の地域に継続的に関わっていることが判明しました。また、世界でもコロナ以降、各国でリモートワークが進み、場所によらない働き方をしながら多拠点生活をしている人たちは「デジタルノマド」と呼ばれ、2021年時点で3500万人以上の規模があるとされています。今後3~4年に倍増するとの予測もあり、相次いでデジタルノマドビザ制度ができるなど新たなムーブメントになっています。

さまざまな多拠点ライフの形

自分で複数の家を構える〜二拠点生活型〜

二拠点生活とは、ふたつの地域に家を持ちながら暮らすライフスタイルのことで、デュアルライフとも呼ばれます。例えば平日は東京で生活し、土日は二拠点目に移動してオフを過ごすなどの暮らし方を指します。複数の家の持ち方としては賃貸物件でマンションや古民家などの一軒家を借りる方法、シェアハウスに入居する方法、土地や家を買う方法が挙げられます。地方は都市部と比べれば相場が安いため、賃貸や土地を買う形でも、今の家賃に月数万円程度で住めるところも多いと思います。私の生活は東京のシェアハウスと大分の賃貸の古民家物件のふたつを合わせて10万円代の家賃を払っています。

数百以上の拠点に住み放題〜多拠点サブスク型〜

近年、多拠点ライフが誰でも気軽にできるようになった草分け的存在が、多拠点サブスクサービスの登場です。毎月定額で国内外1000以上の宿泊施設（ホテル・旅館・ゲストハウス・ホステルなど）を利用できる「HafH」というサービスや、全国250箇所以上のシェアハウスや古民家に住み放題の「ADDress」、自然の中にもうひとつのセカンドホームを持つことができる月額制サブスクリプションサービスの「SANU 2nd Home（サヌ　セカンドホーム）」などが挙げられます。

私も各地を訪問する際はHafHやADDressを使ってユニークな拠点に滞在しています。会員になっているとどこでも住み放題という楽しさと安心感があります。またサブスクリプション型ですが、その月に消化できなくてもチケットやポイントを繰り越して使うことができるので損することなく使えるのもメリットです。

車で移動しながら暮らす〜バンライフ型〜

バンライフ（VANLIFE）とはキャンピングカーやバンを利用して移動しながら生活するライフスタイルのことです。車で寝泊まりするだけでなく、家事や仕事など車を中心に移動しながら生活をします。従来の旅行と比べて宿泊・時間・金銭の自由度が高いことが特徴です。自分でバンを改造したりキャンピングカーを所有している人もいますが、キャンピングカーのレンタル・シェアリングができる「Carstay」というサービスを使うこともできます。また車中泊スポットを予約できる「車泊」や、キャンプ用品を持っていなくても誰かの自宅や倉庫に眠っているものを借りることができる「ソトリスト」というシェアリングサービスなど、バンライフを豊かにする色々なツールが出てきています。

旅行と住まいの垣根をなくす～スポット型～

普段旅行で予約するようなホテルに1ヶ月住むことができる長期滞在プランがコロナ禍、急増しました。アパホテルのようなビジネスホテルから、帝国ホテルのような高級ホテルまで、生活に必要なアメニティやサービスを完備した長期滞在プランが続々と登場しています。また民泊プラットフォーム「Airbnb」でも、プール付きやサウナ付きのユニークなおうちや拠点をバケーションレンタルという形で長期間滞在することができます。ウィンタースポーツができる時期だけ1ヶ月滞在、というような季節移住的な長期滞在をしている人も少なくありません。

誰でも全国に世界中に「いくつもの家」を持てる時代

MULTI-LIVING LIFE

「全国に、世界中に、いくつもの家がある」という暮らしを誰もができる時代になりました。今この瞬間、思い立った場所に、どこへでもいける自由と選択肢があると思ったらワクワクしませんか。

これまで、多くの人にとって「家」とは、ひとつの場所に住むことが一般的であり、ふたつ以上の家をもつことができる生活は、「別荘」のような富裕層やリタイア層などお金に余裕のある一部の限られた人にしかできない選択肢だったと思います。

また、住む場所は仕事に大きく左右されてきました。会社から通勤できる場所に家を構え、転勤となったら、引っ越さないといけない。もしくは、家族と離れたくないのに単身赴任をしないといけない人も少なくなかったと思います。

しかし近年、家や空間をシェアする発想で、多様な住まいの形を叶えるサービスやプラットフォームが次々と登場してます。「家と別荘」といった家賃に2倍のコストをかけなくても、今の家賃と同等、あるいはそれ以下に費用を抑えながら、多拠点生活を始めることが可能になったのです。

コロナ以降の急速なリモートワー

暮らしの変化

	これまで	これから
住む家	ひとつ	複数
住む場所	会社の近く	全国・世界どこでも
住む人	1人 or 家族	+ 趣味 or コミュニティ
暮らし方	買う or 賃貸	+ 共有する
家の支出	固定費	変動費

クや在宅勤務の普及も大きな理由です。フリーランスや一部の完全リモートが許された会社で働く人しか住む場所を仕事に左右されずに選ぶことはできなかったことが、完全リモート化の企業や、本社オフィスを手放す企業も徐々に増え、多くの人が全国・どこでも働けるようになりました。

誰と一緒に暮らすのかという選択肢も限定されてきたように思います。戦後、昭和のサザエさん的な多世代で大人数で住む暮らしから、急速に近代化し都心の急激な人口増加に伴ってニュータウンや各地に造成され団地やマンションが増えていきました。現代の住まいの居住人数はますます縮小し、核家族化が進み、東京の約半数は誰ともすまない一人暮らしの単身世帯となっています。

そんな中、多拠点ライフの暮らしは、ある時はシェアハウスで暮らしたり、ある時は多拠点先で多様な人たちと日々入れ替わるように交流したりと、家や住まいという空間の中で、多様な人と、多様な形でともに時間を過ごすことができるようになります。

SNSの普及以降、学校や会社以外のつながりやコミュニティは増えましたが、一方で暮らすというある種プライベート性も高い生活圏にまたがるコミュニティや人とのつながり方は、コロナ以降、注目されはじめたように思います。

そして家とは一般的に買うか借りるかの二択で大きな支出を伴うものでした。収入の大部分が家賃に消えていき、気軽に引っ越せない、ローンを何十年も払い続けなくてはいけない…といった様々な負担と制約を伴うものとされてきました。

都心の物件価格はこの10年高騰し続けており、都心部の新築マンションは2億円を越え、中古マンションですら1億円と簡単には手を出せない価格になりつつあります。さらに不動産価格の上昇がいよいよ賃貸にも波及し、賃貸マンションの家賃が急上昇。もっと広いところに住みたいけど…マイホームを持ちたいけど…そんなことは夢のまた夢。

「住みたいところがあっても気軽には住めない」と諦めてしまう前に、住まいに対する当たり前と思ってきた考えを１８０度転換することをおすすめします。

住まいを所有するのではなくシェアする発想で、多拠点ライフを始めれば、全国、世界中、どこでも住みたい場所、住みたい空間を自由に選びながら生活することができるのです。

「どこでも働ける」時代に場所を選ばず

MULTI-LIVING LIFE

働き方そのものの概念が今、大きく変わりつつあります。好きな場所で好きな時間に好きなだけ仕事ができる。そういう働き方を誰もができる時代になるのです。

これまでの生活は、いつも仕事に振り回されてきました。ひとつの会社に勤め、毎日同じ同僚と顔を合わせ、月曜から金曜まで満員電車で通勤する。住む場所は会社から通勤しやすい場所を選ばないといけない。住みたい場所を優先するには住みたい地域で新たに職を探さなければなりませんでした。また時間や場所に縛られない働き方は、フリーランスのエンジニアやライターなど一部の人に限られていたと思います。

しかし2020年に新型コロナウイルスの感染拡大をきっかけに、社会全体がこれまでの当たり前の働き方を見直さざるを得ない状況になったことで、多くの企業がリモートワークを導入し、自社オフィスを手放したりオフィス規模を縮小する企業も増加しました。以降、電通やエイベックスなどの大企業が相次いで本社のオフィスビル売却を発表したり、ヤフーが8000人の社員を対象に居住地や交通費の制限を撤廃した人事制度を導入すると発表。月15万円以内の交通費であれば飛行機通勤も可能ということで話題になりました。

働き方の変化

	これまで	これから
収入	ひとつの会社	複数の会社・個人・地域
人間関係	会社の同僚・顧客	全国の企業・人
働く場所	毎日同じ	自分で選ぶ
仕事の定義	労働	生活の中で稼ぐ
交換価値	業務スキル	経験、得意、趣味、資産
対価	日本円	地域通貨・贈与

コロナ当初は急なリモートワークの導入によってコミュニケーションやマネジメントなどの様々な課題が指摘されていましたが、この数年で会社のリモートワーク環境をサポートする新しいツールが続々と登場すると共に改善されてきているように思います。また働く場所の柔軟化に加えて、「副業・兼業」を認める機運が高まっています。

「ワーケーション」という言葉も耳にするようになりました。ワーケーションとは、「ワーク／仕事」と「バケーション／休暇」を組み合わせた造語です。自宅や職場とは違う場所で仕事をしながら、バケーションも楽しむ、という働き方です。従来の日本の旅行のスタイルは、ＧＷ休暇など特定の時期に一斉に休暇を取得し一泊二日の短い日数で宿泊をすると言った特徴があり旅行需要が一定期間と場所に集中してしまうことが課題とされてきました。

ワーケーションの推進は、旅行の時期を分散し長い滞在の需要を新たに創出するという期待から、政府も観光政策のひとつとして推進しています。

福岡県古賀市にある温泉宿を改装した温泉付きのコワーキングスペース「快生館」では、企業合宿やワーケーションを目的に県外から多くの人が訪れていたり、佐賀県嬉野市にある老舗旅館「和多屋別荘」では、旅館の中に自社オフィスを構えられるプランやリモートワークで長期滞在ができる専用プランを設けるなど、温泉ワーケーションで注目を集めています。

これまで休日しかできなかったバケーションが、もっと身近な、いつでも取れる選択肢になっていく。今後、さらに旅行と暮らしの境界線がより曖昧になっていくでしょう。

また、企業だけでなく国レベルでもリモートワークの推進が始まっています。コロナを機に世界中で広がったリモートワークは、世界を旅しながら働く「デジタルノマド」を生み出し、スペイン、エストニアなど各国でリモートワークしながら長期滞在を可能にする許可証である「デジタルノマドビザ」を発行する国もできました。

日本に長期滞在しているイギリス人の知人は、「イギリス国内の物価が高いので、しばらくはイギリスの仕事を日本にいながらリモートワークすることでお得に住んでいるんだ」と言っていました。デジタルノマドの世界人口は3500万人、市場規模は約110兆円と推計されており、日本政府でもデジタルノマドビザを発給するなどの呼び込み施策の検討を開始しています。

企業が働く環境の柔軟化を推し進める背景には、社員の充実度を上げるという理由だけでなく、社会変化が激しく先が見通しづらい市場環境の中で、オフィスを縮小し固定費を下げることで柔軟な経営に変えていくことや、副業をする社員が社外で多様なスキルや人脈をつくることによって、自社の人材力を強化するといった狙いがあります。

このようにコロナを契機に働き方を取り巻く環境が大きく変わりましたが、コロナが収束したアフターコロナの社会でも、企業や国が働き方の多様化を推進することのメリットを見出している今、働き方がコロナ以前に戻ることはないでしょう。

むしろ加速していく流れの中で大切なのは、選択肢が多様化したからこそ、自分がどのような働き方を求め、どういう環境で働くことが仕事のやりがいもパフォーマンスも上げられるのか、自分に合った最高の働き方を明確にしていくことです。とはいえ今の仕事や働き方をすぐに変えるのは勇気のいること。いきなり全部を変えなくても、まずは週末だけ行きたかった場所に行ってみるのも良いと思います。その地域にリモートワークができるコワーキングスペースがあるか探してみたり、Ｗｉ－Ｆｉ環境が整備されているか確認してみましょう。

色々試してみることによって自分が集中できる場所やシーンが自然とわかってきます。多拠点ライフでどこでも働きやすい環境をサポートするサービスやツールはたくさん登場しています。

私は多拠点生活を始めてから飛行機や新幹線に乗っている時が家のデスクで仕事をするよりも作業が捗ることがわかったり、自然の風景の中で歩きながら思考すると企画やアイデアがひらめきやすいことに気づきました。それからは外を歩くときはスマホのメモを出しやすいように設定を変えています。

すべてオフィスで完結させなくてはいけないという制約をなくし、多拠点ライフの中で場所にとらわれない働き方をしてみることは、自分に合った働き方に出会えるチャンスに溢れています。自分が楽しくストレスを感じずに、しかもパフォーマンスの出せる働き方を多拠点ライフの中で見つけましょう。

「分散する生き方」が、これからスタンダードになる

MULTI-LIVING LIFE

先行き不透明な時代の中で「分散する思考」こそ、私たちが豊かさを最も実感のできる生き方のスタンダードになっていくと私は確信しています。

これまでの社会は、社会も個人も「積み上げていく」ことが豊かさの前提にありました。日本は戦後の何もないところから、なんでもある社会に向けて一直線に前進し、全国から人と機能を都市に集中させ、モノを大量生産することによって急速な成長を遂げてきました。その中で個人の価値観も、仕事も生活も何もないところから積み上げていく人生設計こそが幸せで豊かなロールモデルであると誰もが目指すようになったと思います。なるべく良い大学に入るために塾を掛け持ちして勉強し、なるべく大きな企業への就職を目指し、なるべく多く給料をも

らえるためにひとつの職業で市場価値を高める努力をし、年齢が上がっていくにつれ住む家も身につけるものも食べるものも生活の単価が上がり、財産を貯めていくような人生に一人ひとりが奔走してきました。

しかし、今日の日本は、こうした「努力した分、財産が積み上がっていく」といった豊かさの方程式が根本的に変わらざるを得ない時代に突入しています。

その理由のひとつは、社会リスクが増大していることです。自然災害や戦

価値観の変化

	これまで	これから
社会前提	成長	リスクと共存
資源前提	無限・集中	有限・分散
価値基準	所有	シェア
帰属意識	より大きなものに依存	より小さなものに複数依存
行動動機	利己的動機	利他的動機
個人資産	お金	つながり

争、感染症といった、社会の機能が一瞬にして崩れてしまうような有事が「いつ起きてもおかしくない」状況にあり、それは個人にとっても、いくら資産を積み上げても不可抗力的にゼロになってしまうような不安を抱えながら生きていかなくてはならない状況を生んでいるように思います。

もうひとつは待ったなしの地球環境です。行き過ぎた資本主義の中で、地球の資源を使い大量生産・大量消費を繰り返し、誰もがモノの個別化を好み、所有していくことを目指した結果、地球の温暖化、待ったなしの状況が起きています。だからこそ「積み上げる」思考を手放し、「分散する」思考への転換が必要なのです。

分散する生き方とは、家も仕事もコミュニティも、人生に必要だと思うモノを「複数・同時に持つ」といった生き方。

大きな一軒家を所有していなくても、全国に世界中にただいまと言える家が複数ある、複数の個人や企業と仕事をしながら複数の収入口がある、明日大震災が起こっても、何かあったら助けてくれるつながりやコミュニティが全国にいくつも分散してある。

一生懸命積み上げたものを失ってしまう心配をするよりも、常に他に選択肢があるから怖くない。Aがダメでも B がある、B がダメでも C があるといった複数の仕事や家やつながりやコミュニティを自分の中に持っておくことで、「何かあっても大丈夫」と思える状態でいることができるのです。人のストレスや不安は心配することから起こります。

今日の私たちは普通に日常を過ごしてればどんな人でも、不安になっておかしくない時代にいるとおもいます。そんな現代において不安を少しでも減らし、ゆるやかに生きていく価値観が「分散思考」なのです。

また新自由主義経済の中で私たちはいつも「自立」することが求められてきました。自分を守るためには、全て自分でなんとかしないといけないといった個人主義が、何かあった時のために積み上げておかないといけないという考えを生み出し、私たちが生きづらくなっている要因だと私は考えています。自立よりも、大変だからこそシェアして支え合う、「共立」という視点も大事ではないでしょうか。

複数の選択肢を持つことは、生存戦略のひとつでもあります。変化の激しい時代だからこそ、常に身軽にいられることがリスクヘッジになる。身軽でいられれば、変化のなかでその時々に自分の行動を変えたり、ライフスタイルを選択できたりと、柔軟に対応できます。

家もキャリアも資産も「積み上げていく人生」から「分散していく人生」への思考と生き方へと転換していきましょう。

都市集中型から分散型社会へ。パラダイムシフトの必然性

MULTI-LIVING LIFE

個人の生き方だけでなく、私たちが生きる社会モデルが不安定さを増す中で、これからの未来を考えるとき、「分散型社会」へ移行させることは必然です。多拠点ライフの推進は、分散型社会に移行するための解決策としての希望だと私は考えています。

私たちは戦後「都市集中型」の社会モデルをつくることによって恩恵を受けてきました。地方に住んでいた人たちが次々に職を求めて都市へ移動し、人と生活を一極集中させることで日本は高度経済成長を短期間で実現しました。経済成長が鈍化した以降も大量生産・大量消費型のモデルは続き、デジタル技術によってさらに効率と最適化が追求され、私たちの生活は格段に便利になりました。

しかし一方で、この人・モノ・カネが一箇所に集中する都市集中型の社会モデルは、様々な問題を引き起こしています。人口が集中し地価の高騰によって生活に必要なコストが上がり続け、満員電車や交通渋滞も深刻です。大気汚染や廃棄物増加、緑地不足など環境にも負荷をかけています。地方から人が離れ地域が弱体化しています。

こういった問題点が言われるようになって久しいですが、今すぐにでも、この都市集中型モデルを変えないといけないのではないかと私が強く

都市集中型から地方分散型へ

	都市集中型	地方分散型
主体地域	主体地域	ローカル
社会モデル	社会モデル	持続可能な
経済モデル	経済モデル	共有と循環
管理主体	管理主体	自立分散（DAO）
幸福指標	幸福指標	ウェルビーイング

思う大きな理由がふたつあります。

ひとつは社会リスクの増大です。新型コロナのような世界同時のパンデミック、戦争、首都直下型地震などの自然災害といった、予測できず急に起こるかもしれない大きなリスクと共存して毎日を過ごさないような過去にないほど不安定な時代に私たちは突入しました。世界同時に起きた新型コロナウィルスの拡大は、都市機能の停止を迫られ、あらゆる被害を生みました。首都直下型地震やそれに伴う停電などが起こった場合でも国を支える中枢機能が途端にストップしてしまうリスクを抱えています。

そしてもうひとつの理由が、大きくなりすぎてしまった都市が私たちの生活に対する意識に圧力をかけ、不安と孤独に大きく影響を及ぼしている点です。地下や物価が上がり、自立や競争が求められる社会では、結婚や子どもを持つことの負担感を増大させ、「お金」がないと生きていけない不安が未婚や少子化への悪循環に拍車をかけています。また都市集中による社会規模の拡大は、私たちの人・モノ・情報への手触り感や距離感を失わせ、無関心を生みます。政治への無関心、環境への無関心、身の回りに「関係ないこと」と感じることが増え、社会とのつながりを希薄化させ、孤立や孤独にもつながっていると感じます。

私たちは本当にこのままの延長に未来を描いていいのでしょうか。このままでいいはずがないと私は思っています。このような都市集中型の社会が引き起こした問題を解決し、持続可能な豊かさを享受できる社会へのパラダイムシフトが必要です。その解決策が「分散型社会」への転換なのです。

分散型社会とは、社会の中で人口や経済、社会インフラの機能を分散している社会モデルのこと。

分散型社会のメリットは、先に述べたように災害時のリスク分散になることがあげられます。

地方のまちや村の経済がしっかりと栄えていれば、たとえ都市部が災害の被害を受けても、他の地域がそれらを補うことができ、国全体の経済や福祉が受ける打撃が小さくなる。さらに国内の供給を支えている農業をより活性化させることや、地方の伝統文化や観光業を守ることにもつながり、その結果、文化や産業の多様性が保持され、国全体をより持続可能な循環型の社会を可能にします。また生活の中で触れる人・モノ・情報の規模も小さくなり、「顔が見えない」から「顔が見えやすい」環境になることで、個人にとってはより手触り感のある幸福や充実を感じられるようになるでしょう。

京都大学の広井良典教授が、著書「人口減少社会のデザイン」の中で、2050年の日本をAIによるシミュレーションで予測した共同研究の結果を提示しています。

AIを活用して2050年に関する2万通りの未来シュミレーションをした結果、東京一極集中に象徴されるような「都市集中型」のシステムよりも、「地方分散型」と呼びうるシステムのほうが、人口・地域の持続可能性や格差、健康、幸福といった点において優れているという内容が示されたと提言しています。しかも都市集中型か地方分散型か、後戻りできない分岐が、2025年から2027年頃の間に起こるという結果も出ています。

しかし実は「分散型社会」への移行の必要性は多くの知識人や専門家によって何年も前から提唱されてきました。

ではなぜ、何年も前から「地方分散」を提唱する人が多かったにもかかわらず、今日まで実現されていないのか。

その理由は、都市から人が離れる以上の理由と選択肢が増えなかったこと、離れるには制約が大きすぎたからだと思います。分散型社会を実現するには、まず人が地方に流れ、時間を過ごすことが第一優先です。

一人ひとりのライフスタイルが各地に分散していけば、各地の地域経済・活力・魅力が再び、新しい形で再生されていく。過去になくリモートワークが普及し、働き方、暮らし方の制約から解放されるような多様な選択肢が出てきた今だからこそ、分散型社会をみんなでつくっていくことがやっとできる時代になったのではないでしょうか。

多拠点ライフはそういう分散型社会をみんなでワクワクしながら共創していくことのできる希望なのです。

日本政府が多拠点ライフを推進。期待される「関係人口」とは

MULTI-LIVING LIFE

関係人口とは

日本の地方創生における政策において「移住促進」は、人口減少が進む我が国において、多く自治体の中で一丁目一番地に位置付けられてきました。

2014年11月に「まち・ひと・しごと創生法」が成立して以降、この10年間に政府は移住促進に関連する多数の補助、支援制度を積極的に展開しています。総務省が発表した2022年の人口動態のデータでは、人口が増えた自治体は1896団体のうち215団体と、全体の11・3%、つまり9割の自治体は人口減少と直面しているということになります。

私も2017年から自治体とシェアリングシティの取り組みを開始して以降、デジタル庁シェアリングエコノミー伝道師（旧：内閣官房）や総務省地域情報化

アドバイザーとして全国100以上の自治体の首長さんや職員さんから直接話を聞いてきましたが、一にも二にもまずは人口を増やすにはどうしたらいいかという相談でした。

しかしなぜ、この10年間、国をあげて移住促進をしてきたものの大きな変化を起こせていないのか。それは日本全体が急速に人口減少しているのに各自治体がそれぞれ移住を促進しても、結果的に全体の人口のパイの奪い合いでしかなく、自治体同士の移住者獲得の競争にしかなっていないからです。

そこで近年注目され始めたのが「関係人口」という概念です。関係人口とは、『ソトコト』編集長の指出一正さんが提唱された概念で、移住や観光でもなく、単なる帰省でもない、日常生活圏や通勤圏以外の特定の地域と継続的かつ多様な形で関わり、地域の課題の解決に資する人のこと。地域に移住はしないけれど、その地域に何かしらの目的や帰属意識を持ち、定期的に帰ってくる人。

関係人口という発想で日本全体で人口をシェアすることで、完全に移住することは難しくても、地域を行き来する人が増えていけば、どの地域も経済や活力が潤っていく可能性があると期待されています。私はこの「関係人口」の進化・拡大を検討する政府の委員会の委員を２０２０年から務めていました。

多拠点ライフはまさにこの地域と地域を行き来する関係人口を増やす最大の方法なのです。移住までは難しくても、その地域に想いを寄せ、定期的に関わり続ける人や、滞在する人が増えていくことは地域経済の活性化だけでなく、高齢化する地方において若い世代のアイデアや活力を呼び込み、その地域が新しい発想で魅力ある地域に変わっていくことが期待できるのです。

地方創生の物差しの変化

私は政府の委員会や自治体との仕事の中で若い世代が地方に求めるものが変化していること、その期待に合わせて地方創生の発想を変えていくべきであるという内容を提言してきました。

これまでの自治体が行ってきた地方創生は、人が地域にきてもらうためには、予算を使っていかに観光名所として話題になるような箱ものをつくり、新幹線や飛行機の路線や本数を増やしてアクセスの利便性をよくするかに力を注いできました。そして移住をしてもらうために、地域の企業の雇用を増やしたり、企業誘致に励んできました。しかし若い世代や多拠点ライフをすでに始めている層を中心に地方に求めるものは大きく変わってきています。観光名所がなくても、その地域にある自然やコミュニティ、魅力ある人に会いに行くことが目的に

「地方」に求めるものの変化

	これまで	これから
魅力の基準	新しいもの	すでにあるもの
魅力の対象	魅力的なサービス	魅力的な人・ コミュニティ
魅力の質	潤沢な	余白のある
働きかた	地域の企業で働く	地域にとらわれず働く
暮らしかた	移住・別荘	多拠点生活（関係人口）
快適さ	交通の利便度	デジタルの利便度

なっている、豪華なサービスを受けなくても、自分がその地域の関わりを持てたり自分で活動を始められるようなフィールド、余白がある地域を求めている。またちょっと空港や駅から遠い場所でも高速Wi-Fiなどデジタルインフラが担保されているところなら交通の利便性はさほど気にしない。働き方や暮らし方は多拠点ライフで家も仕事も多様な選択肢から選べばいいといった価値観です。このような地方に求める物差しの変化に合わせて、魅力ある地域を再定義し、関係人口が生まれやすい地域をつくっていけるかどうかが自治体に期待されていくでしょう。

空き家問題の解決に期待

また人口減少に伴って空き家の問題も深刻ですが、空き家の利活用という視点でも、多拠点ライフは多くの課題を解決する可能性を秘めています。現在日本国内では、空き家が800万戸以上あるとされており、その数は今後さらに増えるどころか、適切に管理・運営されないまま放置された物件が景観上の問題だけでなく防災・防犯の観点からも対応が求められています。

私の大分の拠点は空き家バンクから借り受けた築90年の古民家ですが二階建ての8畳の部屋が12部屋分の広さに離れ部屋と畑つきで月2万円の家賃。ボロボロなところもあるけれど、少しずつDIYをしながら自分で暮らしをつくっていく楽しさがあります。何より月2万円だったら東京にもうひとつ追加しても負担にならない金額で、広い家に住むことができる。こういった視点で、もうひとつの拠点を空き家を借りて暮らす二拠点生活もおすすめです。

また多拠点シェアサービス「ADDress」では、掲載されている拠点の中でも、空き家をリノベーションした空き家再生の物件が多くあります。民泊サービス「Airbnb」も2023年2月に一般社団法人全国古民家再生協会に1億5千万円の寄付を実施し、全国にある古民家を再生して、魅力ある古民家物件を増やしていこうという取り組みも始まりました。

まだまだ制度的な課題も

多拠点ライフを検討したときに、課題になるのが住民票をどこにおくのかといった問題や、選挙の投票の問題、そして子どもの学校の問題です。私の場合でも大分での地域との関わりが増えるにつれ、地元の政治に参加したい思いや、お金をもっとこの地域に納めたいという思いが強くなっていきましたが、その地域の政治に参加できないのは歯がゆさを感じます。

これからますます関係人口が増えれば、自分が思い入れやつながりを持っている地域に政治参加や税金を納めたいと思う人々が増えるのは自然なことでしょう。

ふるさと納税のような仕組みも普及してきたけれど、今はまだそういった課題を直接的に解決するような事例は具体的には多くありませんが、行政でもこの話題はたびたびあがっており、将来的には選挙権や住民票、税金面などの制度が整っていくのではないかと思います。

サステナブルな地域をつくる。各地で生まれるニューローカル

MULTI-LIVING LIFE

一人ひとりが多拠点ライフを始めることによって、人と地域の新しい関わりが生まれ、全国各地に都市と地方、古いものと新しいもの、色々なものが混ざり合い、新しい魅力ある地域が増えていく。地方の高齢化や人口減少における様々な課題を新しい発想で解決しながらサステナブルなローカルができていく、そんなワクワクする光景が全国に広がりつつあります。

全国の250箇所以上のシェアハウスや古民家に住むことができる多拠点シェアサービス「ADDress」では「家守」という地域と多拠点生活者をつなぐ仲介案内人のような役目をするキーパーソンを全ての物件においています。地域のことを知り尽くした家守を通じて、初めて訪れても地域の人やコミュニティとつ

ながることができる。そこから地域に愛着が沸き、地域の活動に関わるきっかけとなったり、スナックやお店を起業するきっかけとなったりしています。

「まちごとホテル」がコンセプトのＳＥＫＡＩ ＨＯＴＥＬでは、商店街に点在する空き店舗をリノベーションした客室に、常連さんが毎日通う銭湯を大浴場に、純喫茶を朝食会場に見立て、その街の日常生活に溶け込むように滞在ができる体験を提供しています。常連パスをもらうと、その商店街のお店が常連のように接してくれて、しかもお得になるという仕組みがあります。私が以前、滞在した大阪・布施商店街にあるＳＥＫＡＩ ＨＯＴＥＬ Ｆｕｓｅの拠点では、部屋に置いてある銭湯桶をもって銭湯に行き、ネットでは検索しても出てこない地元民が通うお店にふらっと入って夜まで飲み交わす。朝は喫茶店でモーニングを食べながらリモートワークをしました。この商店街が居心地がよくなってしまい結局延泊を決めました。また帰りたいと思う場所です。

北海道十勝にある人口約９０００人の清水町では、全国初の首長の自宅に泊まれる民泊を提供しています。町に宿泊施設が少ない打開策として町長自らが民泊ホストとして自宅を解放し町外の人に開く試み。また清水町の職員も全国初の副業民泊として自宅を民泊として解放しています。私も滞在をしたのですが、実家の娘になった気分で過ごした滞在は、もうひとつの実家ができたような体験でした。すでに世界各国から予約がきているようです。町のリーダーが自宅の日常生活を、世界約200カ国以上の人が予約できるAirbnbを通じて世界にオープンにして人を呼び込んでいく取り組みは、新たな関係人口創出の試みとして話題になっています。

新潟県長岡市にある旧山古志村ではNFTを活用した「デジタル住民票」を発行しています。仮想通貨（暗号資産）で購入した人は「デジタル村民」として住民と交流したり、地域のプロジェクトに携わったりすることができるDAO（分散型自律組織）に参加することができます。人口800人の村に1000人以上のデジタル住民票が発行され、実際にデジタル住民票を持った人がリアルに山古志に帰省する動きができているようです。行政といった管理者を必要としない

NFTやDAOといった新たな技術を活用してオープンに人が集まる仕組みは個人が組織の利害などを気にすることなく地域の担い手として主体者になることができ、かつ管理者に左右されない持続可能な仕組みとして期待されています。

秋田県五城目町にある、古民家に年貢を納める村民と呼ばれる会員となることでいつでも里帰りすることができるというコンセプトで2015年に始まった「シェアビレッジ」は、「村があるから村民がいるのではなく、村民がいるから村ができる」という逆転の発想でたくさんの人が訪れています。2020年からは、村づくりや第二の田舎、新しい家族の形などを各地でつくろうとしている人たちがオンライン上で仲間を募ったり、生活実験のナレッジを共有したりするプラットフォームを開始しています。プラットフォームアプリの中ではコミュニティの中で使うことのできるデジタル・コミュニティ通貨をを利用することができ、モノやスキル、感謝を交換したり贈与したりすることができます。

ここで紹介している事例はほんの一部ですが、都市と地域、世代、職種、あらゆるものをローカルを起点にかき混ぜながら、多拠点ライフをする人が、その地域に関わりしろを持てるようなニューローカルを実践している事例がいくつも生まれています。

このような多拠点ライフを起点にサステナブルな地域を創っているところには、いくつかの共通点があると思っています。それがこの「ニューローカル」の視点です。

これまでのローカルの定義は、地域に生まれ育った人が地域の担い手の主体者となり、その地域で築かれてきた関係性や歴史を継承しながら守っていくようなやり方が望まれてきたように思います。またその地域の地元民にしか分からない独自のルールや規範があったりして、それが外から来た人からすると閉鎖的な印象を与えてしまうような側面がありました。

地域の一員として共同体意識を育むことで、強い結束と濃いつながりが地域を守り維持していく上で大切な側面もある一方で、なかなか外から来た人、ましては移住・定住しない多拠点生活者にとっては、入りづらかったり、関わりづらい側面を生んでいるように思います。

私が暮らしている大分の集落でも集落の自治会はクローズドでアナログな側面もいまだ多く勤村制度というルールがあったり、集落の会議に東京にいて出れない場合はオンライン会議を利用させてほしいという提案が受けいれてもらえなかったりします。ただ高齢化は顕著で同じやり方を続けていても、あと数十年はもたないだろうという危機感を感じています。

ニューローカル

	これまで	これから
主体者	地域住民	ごちゃ混ぜ
地域の定義	クローズド	オープン
KPI	移住人口	関係人口
情報共有	アナログ	デジタル
地域の魅力	観光の魅力	日常の魅力
地域の発信	モノが起点	人が起点

高齢化で草刈りができる体力ある世代が減ってしまい、最近は除草剤を撒く量が増えて、地元のお祭りも途絶えてしまうなど、そんな光景を見るのが悔しくもあります。

これからの地域に必要な視点は、地域に関わりたいという人に関わりしろを積極的に開いていくこと、地元出身じゃなくても、その地域を好きになった人たちに、お祭りの幹事を任せたり、新しいことにチャレンジする後押しをしてあげるようなオープンなマインド。地域の内からも外からも色んな人がごちゃ混ぜになっていく。多様性を受け入れながら地域の個性が薄まることなく、より魅力的になっていく。デジタルなどのツールを活用しながら、その地域に住んでいない人ともコミュニケーションが取れたり活動を共同できたりするようなものを積極的に取り入れていく姿勢が求められていると思います。

また色んな地域を訪問する中で気づいたのが、「地元の人が意外と地元を語れない」ということ。自治体が発信する外向けのＰＲに使う特産品や観光名所は言えても、地元のディープな特性を外向けに語れる人は多くない。そういうところに多拠点生活者から見えた視点や良さが活かせたりして、日常生活や人の魅力が、人を呼び寄せる資源になったりします。

多拠点ライフを始めたら、あなたが発見したローカルな地域や人の魅力を、ぜひ言葉にしてみてください。その視点が地域のサステナビリティを高めます。多拠点ライフを通じた地域の関わり方も様々。色んな働き方や生活のあり方を一人ひとりが模索し、多様な価値観でそれぞれがその地域に関わり地域のサステナビリティを高めていけると考えています。息抜きにちょっとその地域に滞在するだけでも、地域にお金を落とすひとつの貢献ですが、自分が訪れる地域に関わっていくことで、もっと生活も地域も豊かになっていくでしょう。

デュアルスクールとは？家族で多拠点ライフができる環境

MULTI-LIVING LIFE

都市で子どもを育てているなら「豊かな自然の中で子育てをしたい」と考える方も多いのではないでしょうか。かつて子育ては、村や町などコミュニティの中で行い、子どもは自然と色々な大人に出会う環境がありました。核家族化やコロナの影響によって、多様な大人に触れ合いながら子どもが育つ環境は減っています。そのような中で、子どもを連れて多拠点ライフをおくれるメリットは子どもの教育にとても大きいと思います。

しかし、お子さんを持つ家庭の場合、現在の教育制度ではふたつの学校に同時に籍を置くことは認められておらず、それが多拠点ライフのひとつのハードルになっています。平日は学校に通って週末のみ別の地域に滞在するというスタイルもありますが、長期の滞在を含めた多拠点生活を検討する場合、学校をどうするかがハードルになってきます。

そこで近年、注目されているのが、「デュアルスクール」です。全国で制度化されているものではありませんが、デュアルスクールを導入している自治体では「区域外就学制度」を活用することによって、都市部の学校に住民票を残したまま、地方の学校に学籍を異動することで、ふたつの学校を自由に行き来できるような選択肢を提供しています。転校にともなう手続きは不要でありながら、学籍は異動するので、住所地の学校で「欠席」になることもなく、出席日数としてきちんと認められます。

現在、デュアルスクールを取り入れている地方都市・自治体は徳島県、秋田県、長野県塩尻市の3自治体です。徳島県はいち早くデュアルスクールを開始し積極的に活動を続けてきた県です。徳島県では、子どもを受け入れる側の学校には非常勤の「デュアルスクール派遣講師」を設けているほか、児童生徒の学習や学校生活の支援、都市部の学校との連絡調整業務をするなど、きめ細やかなサポートを受けられることができるようです。秋田県では、長期留学（オーダーメイド型留学）という名目で、県外の小・中学生や保護者のニーズに合わせて受け入れ、探究型授業体験や自然体験活動を提供する取り組みです。長野県塩尻市では、小規模校への区域外就学（国内短期留学）として、塩尻市内にある小規模の小・中学校に体験的に通うことが可能です。

未就学児への受け入れを始めている地域もあります。北海道十勝清水町では都市部に住む家族に子どもを保育施設に通わせながら地方での暮らしを体験してもらう「保育園留学」という取り組みが2023年から始まりました。「保育園留学」は、未就学児がいる家族が子どもを地方の保育施設に通わせながら、1週間から3週間移住を体験することができるプログラムです。

まだまだデュアルスクールを取り入れている自治体は少ないですが、自治体にとっても地方の少子化が進む中で、県外の子どもを受け入れることは地域の活性にもつながるメリットもあり、今後広がっていくと期待されています。「デュアルスクール」を検討したい人は、一度移住希望先の市役所や教育委員会に問い合わせてみるといいと思います。

また就学とは別に「まちなか留学」という日本にいながら外国人のお宅にホームステイや日帰り留学ができるプラットフォームもあります。アメリカ・イギリス・パキスタン・イスラエルなど50カ国以上のホストファミリーが、未就学児から大人まで幅広い年代のゲストを受け入れています。

一緒に買い物に行き、夕食をつくって、会話を楽しむ。私もまちなか留学を通じて沖縄に住むアメリカ人のおうちに滞在しましたが、日本にいながら異文化を楽しみ、外国人の新しい家族ができる感覚はとても新鮮でした。子どもにとっても、日本にいながら気軽に世界を体験することができ、多様性に対する理解やマインドセットを身につけることが期待できます。

第2章

多拠点ライフで新しい幸せを手に入れる

混迷の時代を幸せに生きていくための希望とは

MULTI-LIVING LIFE

多拠点ライフで得ることのできる最もの価値は「ただいま」と言える居場所を、自分がありのままでいられると思える景色を、いくつも持てるようになることです。

居場所が増えることで、仕事もつながりもコミュニティも同時にどんどん増えていく。誰でも複数の選択肢を同時に持てる生き方は、この不確かな現代を生き抜いていく唯一の希望なのです。

それは経済のあり方も社会のあり方も、先が見通せず正解を失った混迷の時代に、何が起こるかわからない不安を抱えながら生きていかなければいけない社会の中で、自分で人生の主導権を握り、なるべく社会の変化に左右されずに、人と地域につながりと安心を感じながら、なにがあっても常にいくつかの選択肢がある、と思える新しい生き方です。

キャリアや資産を「積み上げて所有する」生き方から、生きていく上で必要なものを「分散して共有する」生き方に思考を変えて、多拠点ライフの世界に一歩を踏み出してみましょう。

とはいえ色んな不安があり何から手をつけていいかわからない、これまでの働き方や生き方をリセットすることができない、と今過ごしている日常を変えるには大きなハードルや壁を感じる感じるかもしれないけれど、まずは暮らし方を変えてみるだけで、みるみる人生が変わっていくはずです。

「半・自給自足」で、何かあっても大丈夫と思える暮らし

MULTI-LIVING LIFE

現代の生活というのは住むところも、食べるものも、すべてお金を使ってサービスを利用しなければなりません。

東京での暮らしは、毎日、お金を使って買い続けなければならず、「お金がなくなったら生きていけないかもしれない」、学生時代や新入社員時代はそういうプレッシャーを感じていました。小さな部屋にこのままずっと住んでいくのか、将来のことや年金のことを考えてマイホームは持ちにくいな…、なんて20代の時は漠然と考えていました。

たとえば20代半ばでキャリアチェンジをしたい場合や休みたいと思っても、消費し続ける生活だと、余力がないとなかなか難しいと思うのです。お金がないと生きていけないという不安は、私たちから余裕を奪います。

大分の田舎で暮らしてみて感じたのは、「ここなら飢え死にすることはない」という安心感でした。現在、私の大分の家では、田んぼを借りて3年前からお米づくりをしています。また家の畑では野菜を育てています。

横浜育ちの私は実家や祖母の家も首都圏にあり、大分での暮らしを始めるまで、食べるものを自分の手でつくるという経験はありませんでした。小さなことかもしれませんが、畑に自分のつくった野菜があるだけで、「何かあっても食べるものはある」と、安心感があります。

「自給自足」というと、食料、電気や燃料など生活に必要とするものすべてを自分で賄う生活のことを指しますが、「半・自給自足」は、できるところから。できることがあればあるほど、お金はかかりません。

大分の生活の中で、野菜やお米を自分でつくる、テーブルや家具は竹や木を庭から切って自分でつくるなど、つくれるものはつくり、ないものは、あるもので代用できるか考える、もっているものをシェアしてお裾分けを交換する、などを考えるようになりました。

特にコロナ以降、エネルギー価格が高騰し、食品の価格も上がり続けています。節約することも大事だけれど、長期的に物価が上がり続けるならば、節約するより、自分で生活に必要なものを半・自給自足で賄えるようになることが、サステナブルな選択になっていくと思います。

自分で一から用意しなくても半・自給自足を今すぐはじめられるシェアサービスが色々とあります。

「シェア畑」という手ぶらで行けるサポート付きの畑のシェアサービスでは、自分の畑を月額で借りることができます。講習会や季節ごとのイベントもあり、家族で一緒に野菜づくりを楽しめるものもあります。

「自給自足をシェアしよう」というコンセプトで、棚田をシェアし地元の方とつながりながらお米づくりができる「ミライステラス」も高齢化による担い手不足で年々失われていく棚田を、地域外の人が定期的にきて一緒に守り、育てていく仕組みを提供しています。

熊本県にある自給自足の村をゼロから創り新しい生活のあり方を実験している「サイハテ」というエコビレッジでは、自給自足や村づくりに関心のある人を村民として定期的に受け入れています。

世界でも「NuMundo」という国内・海外に点在する自給自足をしながら持続可能な生活を育んでいるエコビレッジが300拠点以上登録されているプラットフォームもあります。宿泊や体験を受け入れている拠点を探すことができるので、色んな自給自足の形を覗いてみるのもいいでしょう。

断捨離の機会。身軽になることでもっと自由に

MULTI-LIVING LIFE

私たちは日々の生活を固定することで、物は増え続け、捨てられないものも増えていきます。簡単には引越しできず、家を買った場合はローンを組んでいるでしょうから、すぐには手放せません。一生懸命働いて積み上げてきたものが実は人生で新しい選択をする際の重荷になっている、そんな風に思ったことはないでしょうか。

多拠点で生活をしていると家も増え、抱えるものも増えていくように思えるかもしれません。実は逆です。多拠点ライフでは抱えるものは減り、より身軽になっていきます。移動することや棲み分けることが前提となっているので、よりコンパクトに、よりミニマルになっていきます。私が多拠点ライフを始めた時、

「知らないうちにこんなにモノに囲まれて暮らしていたんだ」と驚きました。

身軽になるというのは、物質的な面だけではありません。私たちは気づかない間にさまざまな関係性やしがらみの中で暮らしています。多拠点ライフはそれらと向き合い、自分にとって大事なつながりが何かを考えるきっかけにもなります。

さらには、身軽になることで意思決定のスピードが速くなったり、やりたいと思っていることに踏み出せたりできるようになります。自分にとって何が大切なのかじっくり考える時間を設けてみたり、チャレンジしたいと思っていたことに一歩踏み出してみたり…忙しさに追われている日々では、消耗するばかりで新しいことを始めるエネルギーも残っていない人も多いのではないでしょうか。

私たちは日々生活の中で少しずつ何かを蓄積していっています。私は多拠点ライフを始めて、自分が心も体も身軽になっていくような感覚がありました。私の周りの多拠点生活者も、ミニマリスト思考になった人が多いです。ミニマリストというと所持品が少なくて貧しい人、というイメージを持たれる方もいるかもしれませんが、ミニマリストとは、自分にとって本当に必要なものを持つことでかえって豊かに生きられるという考え方で、大量生産・大量消費を繰り返しモノが飽和する現代において少しずつ支持されるようになりました。
　今日は、生活に必要なものは全て買い揃えなくても「借りる・共有する」選択肢がシェアリングエコノミーの普及によって格段に増えています。本当に所有したいものだけ買い揃え、後はＴＰＯによってシェアする発想を取り入れればいいのです。

　多くの人は忙しさに追われて自分の周りに積み上がっているものと向き合っていないのではないかと思うのです。身軽でいることは、この変化の激しい時代の生存戦略であり、より豊かな生き方となるのではないでしょうか。

　まずは、多拠点ライフを始めるとしたら、自分が多拠点先に身につけていたいものは何か、持っていきたいものは何かイメージしてみましょう。

「多層なつながり」こそ、これからの資産になる

MULTI-LIVING LIFE

多拠点ライフは、多層なつながりを築いていくことができる宝庫です。多拠点ライフを通じて出会う多様なつながりこそ、お金よりも価値のある資産になっていくと思います。

多くの人にとって出会いの機会は学校や会社といった「所属組織を通じたつながり」か、趣味やSNSなどを通じた「価値観のつながり」だったと思います。学校や会社で出会った同期や同僚、先輩、クライアント、大学時代の友人、好きなアーティストや、趣味のスポーツを通じて出会った人と人間関係を築いてきたと思います。

一方で、生活をともにするような「生活圏にまたがるつながり」や、自分と年

齢の異なる「多世代のつながり」、そしてご近所づきあいのような「地域のつながり」は、特に都市圏で生活をしているとなかなか持つことができません。なぜなら、これらのつながりが都市集中型の社会の中で失われたからです。

町内会や自治会といった地域のつながりは廃れ、大家族から核家族化によって家族の構成人数は減り、単身世帯が東京では約半数となりました。祖父や祖母と多世代で同居する機会もなくなり、異なる世代との出会いや話す機会も極端に減っているように思います。また都市の構造は住む区域によって平均年収に大きな差があり、同じ年収や同質性の高い人と出会いやすい構造になっています。

多拠点ライフは、そのような都市集中型の社会の中で失われた多層な出会いやつながりをもう一度つなぎ直し、多様な出会いを生む機会に溢れています。

私自身も色んな地域に行く中で農家さんや漁師さんなど、自分の仕事では出会わないような職種の人にたくさん出会ったり、地域に暮らす70~80代の方々と地元の酒場で楽しく飲んだりといった出会いがありました。大分での暮らしは子どもも大人もおばあちゃんも世代ごちゃ混ぜでＢＢＱをしたり、ご飯を食べる風景が日常にあります。またシェアハウスのような生活をともにする空間での出会いもユニークです。同じ屋根の下でパジャマ姿にすっぴんを晒して、一緒にご飯を食べたり掃除をしたりする。生活の中で出会うと一気に距離が縮まり結婚する人たちも、シェアハウス生活の中で多く見てきました。そんな多層なつながりを持つと人間関係の幅はぐっと広がります。

このような多層な「つながり」こそ、お金やステータスといった積み上げていくべき資産とされてきたもの以上に、価値を持つような時代がきていると確信しています。人と人とのつながりを資本として捉える社会関係資本（ソーシャルキャピタル）が人間の幸福度に関係することは、多くの研究によって裏付けられてきました。

さらにコロナ以降、その重要性は増しているように思います。グローバル経済の中で銀行に預けている資産価値が為替によって変動してしまう一方で、つながり資産は経済や社会の変化に左右されない揺らがない確かな資産なのです。

多層なつながりによって得られる価値は多くあります。その中でも特に重要なのが「多様な視点」を得ることです。

多拠点生活を始めてから、今まで出会わなかった人たちと交流することで、自分の考え方や価値観が大きく変わりました。

例えば、物価高騰や自然災害のニュースを聞く際には、出会った人の視点で情報を受け止めるようになりました。都市と地方でも同じ社会問題が全然違う視点で捉えられていることに気付くこともありました。頭では理解していたかもしれませんが、実際にその人の視点で感じ取ることができるようになる感覚は、私の仕事や社会活動において大きな変化をもたらしました。

今日は、分断社会と言われるほど、分かり合えないものに対して攻撃的になったり、あからさまな差別発言や誹謗中傷が、日常的にSNS上で散見されます。差別やヘイトクライムは「知らない」「身近に当事者がいない」ことから起こるのではないでしょうか。国籍、学歴、年収、思想といった、同質性の高い人同士がつながりやすい現代の中で、一人ひとりが多層で多様な人との関わりを持つ機会を社会に増やしていくことが必要です。

とはいえ、多拠点ライフを始める上で、無理に人とつながらなくてはいけないわけではありません。「人と話すのが苦手」という人も私が知る多拠点生活者にも何人もいます。自分に合った人との距離感によって、個室のある拠点を選んだり、自然と向き合い1人になれる場所を選んだり、自分に合ったちょうどいい人との距離感やスタイルを選びましょう。また「弱さ」のシェアから生まれるつながりもあります。

多拠点ライフを通じた出会いでは、自分の肩書きや普段の顔とは違う環境で人とつながることができます。利害関係がない状況での出会いは、素の自分でいられる機会を提供してくれます。その中で、仕事の悩みや人生の悩みを打ち明けたりすることもできるでしょう。

小さな経済圏で生きる、手触り感のある環境

大分の暮らしを始めてから一番嬉しかったことは、小さな経済圏に生きている感覚を持った暮らしがいかに豊かなものであると気づけたことでした。

大分の家の集落ではお裾分けが日常的にあります。朝起きると「おはよ～！」と声が聞こえるのと同時に、集落のおばあちゃんやおじさんが野菜や果物を持ってきてくれます。それに対して、いただいた野菜を煮物にしてお裾分けしたり、草刈りを代わりにするなど、違う何かでお返しすることもある。その時々に見返りを求めなくても、何かのカタチで恩が返ってくることを、皆がわかっているんです。

また集落だけでなく地域の中でも、毎日の生活が、顔の見えるつながりの中で

回っています。パン屋さんも、レストランも、大工さんも、商店も、みんな知り合い。知っている人にお金を使うのが楽しい。みんな知り合いなので、お金を払っているんだけど、また別の形で自分にも返ってくるんだろうなというのが目に見えるんです。都市部で生まれ育った私にとって、地域でお金を使う温かさを感じながら、目に見えるつながりのなかで経済が循環しているという実感は初めてのことでした。

戦後の行き過ぎた資本主義の大きな問題のひとつは、経済規模が大きくなり過ぎてしまったことです。便利になったこともたくさんあるけれど、その引き換えに、生産者の顔が見えず、自分のお金がどこへ回っているのかわからない。ひとつの商品でもつくる場所、加工する場所、販売する場所と世界規模に分業化されすぎて、そのプロセスが影に隠れ、結果、安く購入した商品が過酷な労働環境の下でつくられたとか、環境破壊を起こすような薬剤を使っているなどが、見えなくなっているのです。

本来は誰かが気持ちを込めてつくったものなのに、価値交換する相手が想像できなかったり、身近に感じられないと、ただ消費しているだけに思えてきてしまいます。

大きな経済圏は「お金」に対する私たちの価値観をも根本的に変えてしまいました。本来「お金」の成り立ちは、小さな経済圏の人と人とのつながの中でのモノの交換の手段であったにもかかわらず、交換するための手段という目的を越えて、「お金」そのものを増やしていくことが豊かであるという価値観に代わり、お金を稼ぐこと、お金を増やすことが目的であるかのように考えるようになってしまったと思います。

小さな経済圏では、つくった人の顔が見えて、その交換として必要な分だけお金を使う。また時にもらうものに値段がついていなかったり、お裾分けのようなはっきりとその場で価値を定量化することができないものもある。そんなお金だけでない見えない資本の交換の連続によって、地域の信頼とつながりが見える。多拠点ライフの中で、色んなローカルなコミュニティや地域に触れることで、そんな小さな経済圏の中に自分がいる安心感にきっと出会うはずです。

顔が見える手触り感のある小さな経済圏をつくる動きは、近年、色んな新しい形で生まれています。

株式会社カヤックが開発した地域通貨「まちのコイン」は、地域の独自通貨をつくることができます。地域の加盟店やスポットを訪問したり町の活動に参加するとコインを獲得することができ、さまざまな体験や特典などとの交換が可能です。お金ではなく地域のコインを使って「お金で買えない体験」をすることで店主と利用者との距離が縮まり、常連やファンにつながるという効果も期待されています。

一般的な地域通貨は地域住民に還元される仕組みが多いですが、まちのコインは地域外の人にも開かれた通貨にすることで多拠点生活者も利用でき、関係人口にもつながっていく取り組みです。

一般社団法人Next Commons Labの林篤志さんが手がける「Local Coop」構想

では、協同組合の発想を活かし、住民が主体となって自治体に変わる自治機能を出資し、意思決定をし、労働をする地域経営を試みる取り組みで、複数の自治体で取り組みが始まっています。どうしても今の暮らしは企業や行政のサービスを受けるお客様という視点から抜けずに、暮らしているという感覚を抱いてしまいがちですが、顔の見える住民同士で共同しながら地域を自分たちで守り、維持していくというCoopの仕組みは、まさに小さな経済圏を具体化する新しい試みです。

MULTI-LIVING LIFE

「余白」がある贅沢。自分の手で暮らしをつくる新鮮さ

多拠点ライフを始めて大きかったことは、どんなに忙しくても「余白」を感じることのできる日常生活をおくれるようになったことです。「時間と向き合うことで、時間に追われなくなる。」といった感覚。今日どこに行くのか、移動と仕事をどうスケジューリングするか、常にスケジュールのマネジメントをするので、時間をいかに効率的に、オンオフを組み合わせて、時間を組み立てるかを考えます。

多拠点ライフを始める前、私はいつも忙しく何かに追われていました。常時、脳がインターネットと同期しているような感覚で、ずっと頭の中が仕事でいっぱい。今思えば、休んでいる時も休まらない状態でした。地方にいてもテレワーク

をしていますが、渋谷や新宿のようにどこへ行っても広告や溢れる情報が目に入るような環境とはまったく違います。オンオフが切り替えやすく、仕事と日々の暮らしをパッと切り離すことができるようになりました。地方は、都会で過ごすよりずっと四季の移ろいを感じることができます。集落に咲く草花、食べ物、地域のイベントなど季節と生活の密着なつながりを感じます。また、出会った人や地域の人との何気ない会話から得られるものがたくさんありました。

地方では1時間に一本しか電車が来なかったりと、非合理性を感じる場面も多い。しかしこの非合理だと思う場面に遭遇することで、時間換算をしないことの価値も同時に気づけるようになりました。

また、自然の中でぼーっとしている時ほど、インスピレーションが降ってきたり、事業のアイデアが浮かんできたりします。

先日、脳科学者の青砥瑞人さんと対談した際、温泉やサウナ、自然の景色をみるなどの行為は、ひらめきが生まれやすい状態になるというお話を伺いました。人の脳の注意の矛先には、内側・外側・狭く・広くの4象限があり、ビジネスパーソンは外側に狭く注意を向けるよう求められることが多い。温泉やサウナでは普段と違う脳のモードになり、ひらめきが訪れやすいのだそうです。
私は、多拠点生活の中で、新幹線や飛行機、ローカルな電車から景色を見ている時にアイデアが降りてくることが多いです。そんな時はiPhoneにメモしています。考えることを仕事にしている人は、メリハリのある生活をデザインしやすい、多拠点ライフが向いているのかもしれません。

忙しいと暮らしの余白が失われてしまいます。その中では新しいことを始めようとはなかなか思えないでしょうし、ふとした時「自分は本当な何がやりたかったんだっけ?」なんて自問自答してしまうこともあるかもしれません。たくさんの人に出会い多様な価値観に触れることで、思いもしない気付きや出会いが生まれる経験をしました。もしいま都心にいて、なんとなく息苦しく思っているのなら、一度違う遠くの街へ行き、少し滞在してみてはいかがでしょうか。それはあなたに思いがけない出会いや新しい何かをもたらしてくれるかもしれません。

いくつもの人生や世界を生きられる

多拠点ライフは、いくつもの人生を擬似体験できる見本市に自ら出かけるようなもの。海の近くに住み早朝にサーフィンをしてから出勤する、自然豊かな山奥で畑や田んぼ付きの古民家で自給自足の生活をする、郊外のシェアハウスを運営しながら子育てをする、キャンピングカーで全国一周をしながら生活する、地元に戻ってUターン起業……この地域に住んだらこんな生活を送れるんだろうな、こういうキャリアや人生の選び方もあるんだな、と行く先々で発見する地域の風景や出会いによって、いくつもの人生や暮らしを擬似体験しているような気持ちになります。

実際に多拠点ライフを「これからの自分の人生を考えたい」と思いたって始め

MULTI-LIVING LIFE

る人も少なくありません。また普段の生活ではどうしても同じ世代、同じ会社、かつての同級生や同期、といった同質性の高いコミュニティやつながりの人間関係になりがち。自分よりも20歳年上の人、20歳年下の友達がいる人はどれくらいいるでしょうか。多拠点先での出会いは、地域を起点としたり、利害関係のないコミュニティや多拠点サービスやシェアハウスなどを起点として出会うので、自分とは異なる世代の人との出会いも多いと思います。そんな多層的な多様な人との出会いに慣れてくると、普段いかに自分が限られた世界の中で生きているのか気づかされます。人は無意識のうちに自分がいる環境の影響を受けるもの。一所に留まることで、知らず知らずのうちに考え方や価値観が小さく凝り固まっているかもしれません。

また、世代の上の人と出会うと、子育て、子どもが手離れした後の人生、子どもを産まない人生、など、色んな人の人生の話を聞いて、気づかされたり、こういう大人になりたいな、とロールモデルを見つけるきっかけにもなります。

私自身は、超が着くほどの田舎と、超がつくほどの都会の中心を行き来することで、「ふたつの世界を生きつつ、それらが交差する瞬間を楽しんでいる感覚です。ふたつの人生を同時に生きて居るような感覚は、新鮮で飽きない。

また、多様な人の人生に触れるほど、人を尊敬できるようになります。私は子どもの頃からシェアハウス育ち、今もシェアハウスに住みながら多拠点ライフを送っているのですが、本当に色んな世代や職種、価値観の人たちの中で生きてきました。誰かの人生を擬似体験すると、その人の育ってきた環境や仕事、大事にしている価値観などが、少し自分ごとになる。１００人いれば１００通りの人生があって、人を何かの基準ではかることなんてできないなと気づける。そう思えるようになると、無意識に自分が偏った物差しで人を判断していないか自分自身に問うクセがついていきます。

多様性の中に身を置くことは、ありのままの自分に気づける機会にもなります。都市で会社と家の往復のような生活をしていると、どうしても会社の物差しで、自分自身の価値や個性を測ってしまいがち。大分の生活では自分の仕事の話はほとんどしません。自分の肩書きが通用しないところに身をおくと、この先、自分が成功しようが失敗しようが関係なく、私を見てくれる人たちがいる。そんなつながりをもっていると、とても安心感があります。

多拠点生活がテーマの番組で古舘伊知郎さんと共演した時、「寅さんみたいな生活にすごく憧れます。僕が若い頃はそういった選択肢を簡単に選ぶことはできなかった。今でも自分にはできないと思っている」と言っていました。かつては、今以上に、ひとつの人生を努力して積み上げていくことがロールモデルとされてきました。誰しも一度や二度、もしもあの時別の道を選んでいたら…と考えたことがあると思います。今は昔よりずっと多様な価値観や選択肢を自由に選ぶことができるようになりました。複数の拠点を持ち、いくつもの仕事を持つことは、「複数の人生を生きている」、そんな気持ちにもさせてくれます。

シェアハウスで暮らしてきた人生の中でも「この場所で一緒に何かやってみよ

う！」といったコミュニケーションの延長線上にあるような、気づいたらそこに小さなビジネスが生まれていた、という瞬間に何度も出会ってきました。仕事ではない場所で出会った人と利害関係なく何かが始まる場面は、社会的な地位や所属で人がつながっていくような都市の生活では、なかなか機会がないように思います。拠点間を自由に移動し、異なる町の異なる風土や文化、人と接するからこそ、クリエイティブなアイデアが得られると思います。

私が多拠点ライフを通じて強く実感したことは、居場所もキャリアも人生も、いつだって新しい道を試すことができるということ。自分が持つ可能性や選択肢は無数にあります。多拠点ライフはそれに出会うことができる、ひとつの手段かもしれません。

自分の知らない魅力や可能性に自ら気づけたり、周りの人たちが見つけてあげられたりするような環境がこれからの社会の中で増えるといいなと思います。

「副業」を始めよう。小商いで新しい自分に出会う

MULTI-LIVING LIFE

多拠点生活はビジネスチャンスに溢れています。そして、新しいことを始めるにはチャレンジしやすい環境が地方にはあります。

近年「副業」を解禁する社会の流れが加速していますが、多拠点生活は副業を始めるのに最適なフィールドが広がっています。地方には様々な課題が存在し、県外からの新たな視点や若い世代のアイデアを通じて解決策を求めています。例えば、空き家問題、一次産業の高齢化、交通弱者のサポート、インバウンド観光などがあります。

実際に政府も地方での起業を推進しており、都市在住者が地方で起業すると最

大200万円の起業支援制度も設置しています。
また、制度がなくても地方での起業は都市部よりも低コストで始めることができます。飲食店を例にとると、都市部では初期費用に数百万円から1千万円近くかかることもありますが、地方では数万円の家賃で借りられる物件や、譲ってくれる物件も多く、飲食店やスナックを始める若い世代も増えています。毎日でなくとも一緒にやりたい人を募って1週間に数日だけお店に立つようなスタイルもあるでしょう。クラウドファンディングを活用して資金を集めることも一般的になってきました。

ゼロから始めるのに勇気がいる方や、会社をメインにしながら月数万円から副業を始めたい人にも地方で副収入を得られる選択肢は色々あります。例えば「Airbnb」の民泊のホストとして登録をしたり、「ADDress」で自分の家や部屋の一部を貸し出して収入にしている人もいます。「おてつたび」という地域の短期的・季節的な人手不足で困っている農家や旅館などの事業者さんのお手伝いをしながら報酬をもらえるシェアサービスも。地域を知りながら旅をする感覚で、地域に関わることができるので、多拠点ライフにはおすすめの選択肢です。

他にも、「ふるさと兼業」というプラットフォームがあります。好きな地域や共感する事業にプロジェクト単位でコミットできる兼業を探すことができ、副業やプロボノとして地域に関わることができます。このような活動は経験値を積むことやつながりを築く一助となります。

企業にとっても社員の副業を推進することは大きなメリットになるでしょう。さまざまな業界や職種の人とのつながりを築くことができるため、地方の様々な場所での出会いは新しいインスピレーションをもたらすことがあります。東京のオフィスにずっといると、あたかもそこが日本の全ての姿だと錯覚してしまいがちですが、実際に地方に出かけてみると、むしろ地方の方が日本全体の平均なんじゃないかと感じることがあります。

社員がもっと会社の外に出て外の繋がりをつくることで、リアルな地域課題に触れたり、企画に新たな情報やアイデアを持ち込んだりすることができます。私の会社のメンバーもほとんどが兼業しています。それぞれが兼業先を持つことで、事業や企画のアイデアが膨らんだり、コネクションが増えたりするメリットを日頃から感じています。副業は単なる時間稼ぎだけではなく、会社と社員の双方にとって成長と発展をもたらす可能性に溢れていると思います。

紹介してきたように、地元の企業へ勤める必要はなくても、地域経済に関わりながら副業する選択肢はたくさんあります。東京の仕事を地方でリモートワークするのもいいけれど、何かしら地域に自分が関わりを持つような名刺を持てると、地元の人々との共通の話題が増えて関心をもってもらいやすくなったり、地元のお店や農家さんと連携したりといったワクワクするつながりが生まれていくでしょう。

第3章

多拠点ライフで見つけたそれぞれの幸せの形

いまこの本を手に取っている皆さんは、少なからず多拠点生活に興味がある方だと思います。

とはいえ、なかなか一歩踏み出しにくいかもしれません。

皆さんに少しでも身近に感じていただくために、本章では多拠点ライフを通じて人生が変わった方々のお話をご紹介したいと思います。

皆さんに多拠点生活は決して夢物語ではなく、誰でも簡単に始めることができると思ってもらえたら嬉しいです。

家を開くことで、子どもが多様な大人に触れる環境

神奈川県三浦市・鈴木ご夫妻

MULTI-LIVING LIFE

神奈川県三浦市に住む鈴木さんご夫婦は、自宅をADDressに登録し、家の管理をしながら、地域と会員をつなぐ橋渡し役となる「家守《やもり》」をされています。

この地域は過疎化の問題や空き家問題を抱えており、左官業をしているひとしさんもこれについて問題意識を持っていました。子どもが少ないために、小学校のクラスは20名以下だそうです。三浦に住みながら地域経済を盛り上げられないか、この地域の魅力をもっと外の人たちへ伝えられないかと思っていた時、ある古い空き家が解体されることを耳にしました。

それが今ADDressの拠点のひとつになっているこの三浦の家なのですが、当時まだ買う目的もないまま購入を決めたそうです。その後たまたま知人からADDressのサービスを聞き、始めることになったそうです。

「民泊みたいなものだと思っていました。勢いで始めてみたものの、最初は慣れ

るまで色々大変でした」とひとしさんは言います。

試行錯誤しながら家守の仕事を始め、今では多拠点生活の拠点として何度も利用してくれる人もいるそうです。

家の周りにはおいしいご飯屋さんや飲み屋さんが多く、はなさんは会員さんたちと飲みに行くことが楽しみのひとつになっているそうです。

「家守を始めて、今まで気づけなかった三浦の魅力に気づくことができました。住んでいるとわからない魅力を会員さんにたくさん教えてもらったんです」。

家守の仕事を通して、今まで出会うことのなかった人たちとの出会いが増え、世界が広がったと言います。

「多拠点生活をしている人はみんな多様な価値観を持っている人だと思います。相手のことをリスペクトしながら、ちょうどいい距離感をちゃんと保つ。彼らのおかげで、自分達の世界が広がりました。本当にいろんな人たちがいて、いろんな価値観があるとわかったんです」。

ここに来る人はリモートワークの一拠点として選ぶ人もいますが、リフレッシュしに来る人などさまざま。

鈴木さんご夫妻にはお子さんがいます。家守を始めてから、お子さんたちも学校や地域の大人以外の人たちと交流する機会に恵まれ、子どもの教育においてもとてもいい影響があったそうです。

「ここを利用している会員さんにはエンジニアの人が多くいて、子どもたちに空いた時間でプログラミングを教えてくれる機会がありました。そのおかげで今プログラミングに興味を持って、勉強を始めたり、子どもの一人が受験を控えているのですが、会員さんたちが受験勉強の対策やアドバイスをしてくれて、ここでの出会いがなければ私たちも子どもたちももっと限られた情報しかなかったと思うんです」

多拠点生活やシェアハウスなどの経験がなかったなか、最初はどんな人たちが利用するのかドキドキしていたそうです。ここで出会ったたくさんの人たちのおかげで、「自分はなんて狭い世界にいたんだろう」と思ったと話します。

「始めてみたら本当におもしろかったんです。こればっかりはうまく説明できません。さまざまな出会いを通じて、自分のビジネスや商売のおかれている状況を俯瞰して見ることができたり、この街にいるだけでは出会うことのなかった職種やバックグラウンドを持つ人たちに出会うことができました。

子どもたちにとっても、お手本となる大人にたくさん出会えて、彼らの選択肢もすごく増えたと思います。自分たちも田舎だと人の目を気にすることも以前はありました。もし迷っている人がいたら、皆さんの人生を豊かにしてくれる出会いがたくさんあるので、ぜひ試してみてほしいです」

家を解約し趣味のウィンタースポーツを心置きなく楽しむ

会社員・システムエンジニア・岩崎さん

MULTI-LIVING LIFE

システムエンジニアの岩崎さんは、2年ほど前から多拠点生活をしています。趣味がウィンタースポーツで毎週のように遠出しており、コロナ禍をきっかけに仕事がリモートワークとなったため、多拠点生活について調べ始めたそうです。

「最初は移住体験を見たり、ウィークリーマンションを調べたりしていました。そのなかでADDressのサービスを見つけました。いきなり遠くで暮らすのは心配だったので、まずは近場から始めて、その後の二拠点目は雪の降る場所を選びましたね」

先ほどの鈴木さんご夫妻もそうですが、岩崎さんも人との出会いが目的ではなかったそうです。

「実はあまり人と交流するのが得意ではなくて…むしろ最初はあまり誰かと関わ

りたくないなと思っていたんです」と話します。

拠点としていた場所のひとつに、コワーキングスペースが併設されており、そこでの生活の初日にそこで行われた食事会に参加することになったそうです。

「どこの誰かもわからないのに、皆さんがもてなしてくれて。自分と同じような生活をしている人が身近にはいなかったので、ここでの出会いは年齢も仕事も立場も違うのに共通の話題も多くて、すごく居心地がよかったですね」と振り返ります。

移住先を探している人、自宅と二拠点生活をしている人、全国を旅して多拠点生活をしている人…普段の生活では関わらない人に出会えて、とても刺激になったそうです。

「途中から、自宅がなくてもいいんじゃないかと思って、賃貸契約を解約しました。そしたら、自分はこんなに無駄なものを持っていたんだとわかって。自分の身体があればなんとかなるな、と今は思いますね。ここで出会う人もミニマリストに近い考え方の人が多いかもしれません」

岩崎さんのように完全に自宅を手放し多拠点生活をしている人もいますが、

1ヶ月の数日間や一〜二週間を他の拠点で過ごす人など、ライフスタイルは人によってさまざま。

「やり方を工夫すれば誰でもできます。実際ハードルはそんなに高くないですよ。サービスによって違いますが、水道光熱費やWi-Fiが含まれているものもあります。自分の時間も誰かと交流する時間もバランスを保てていて、すごく過ごしやすいです。生活スタイルや趣味嗜好、地域やそこに住む人など、それぞれが合う場所がきっとあるはずです。興味のある人は短期間でもいいから、試してみてほしいですね」

自分と感覚が近い人に出会えたこと、そして趣味のウィンタースポーツを心置きなく楽しめる環境でとても充実していると話してくれました。

そして、岩崎さんは今、自分が拠点としている地域に何か貢献したいと言います。

「今までスキー場に来ていたのは旅行者としてでした。住んでみて初めて除雪のことが気になったんです。自分たちが今までスキー場まで行けていたのは、地域の人が除雪作業をしてくれてたからだったんだって。こうして訪れるたびに地元の人たちに『おかえり』と言ってもらえるのも嬉しかったです」

観光とは違い、そこに暮らしてみて初めて見えることやわかることがあります。岩崎さんのように、定期的に訪れる場所が誰かの第二の故郷、第三の故郷となったら…その地域にとっても、そして多拠点生活を始めたあなたにとっても、素敵なことなのではないでしょうか。

家族4人でバンライフ・都市と地方の学校でデュアルスクールを始める

WEB会社経営・池辺さん

現在、千葉県と冬は越後湯沢の二拠点生活をしています。池辺さんはウェブの仕事を、旦那さんは映像系の仕事をしており、夫婦で会社を立ち上げて17年だそうです。

現在小中学生になるお子さんが2人の4人家族。もともとマリンスポーツ、ウィンタースポーツが大好きだった池辺さんご夫婦は、20代の頃から夏はサーフィン、冬はスノーボードをするために色々な場所へ足を運んでいました。

「自然相手のスポーツやアウトドアアクティビティを最大限に楽しむための手段として、バンライフが一番最適だったんです。仕事が休みの週末にいつも天候のコンディションがいいわけじゃないため、波や雪の状況によってフレキシブルに動けること、思い立った場所にすぐ泊まれることも魅力的でした。それで効率的だったのが、金曜日の夜に出発して海や雪山で車中泊をし、翌日朝早くから遊ぶというスタイルで、色々な場所をまわっているうちに全国に友達ができました」

そんななか二人の間にお子さんができ、しばらく生活スタイルが変わります。

「ちょうど上の子が5歳くらいになったときに、長期休みを利用して家族で車中泊日本一周をしてみよう！ となったんです。エリアや期間を分けて、4年半かけて沖縄を除く全国を回りました」


その後池辺さん家族は、大好きなスポーツができるひとつの場所に暮らしたいと考えるようになります。

「子どもたちが何か好きなことに夢中になれる環境を探していました。スキーが好きで越後湯沢によく行っていたので、冬の間だけ移住できないかと思ったんです。その当時、子どもたちは二人とも小学生だったんですが、3学期だけ湯沢の小学校に転入させてもらえないかと地元である千葉の小学校の校長先生に電話で相談してみたんです」

教師生活で初めての相談だけど、おもしろそうだから全面的にバックアップすると言って、その校長先生は教育委員会に掛け合ってくれてとても親身になってくれたそうです。

また池辺さん一家は同時に湯沢町の移住課にも相談をし、区域外就学制度という制度を紹介されます。これは一定の条件を満たせば、児童が住民登録をしていない地域でも就学できる制度。こうして池辺さん一家は、冬の間は湯沢に住む生活を始めました。

「この区域外就学制度はいじめやDV、保護者の仕事の都合などの事情によって利用するのが一般的なのですが、二拠点生活にも適用させることができました。実は湯沢はオリンピック選手の方が冬だけこの地域の学校に通っていたりと、昔から県外から短期間での就学を受け入れる環境があったようなんです。私たちのようにこの制度を知らない人も多くいるんじゃないかと思って、ブログやYouTubeで情報発信をすることにしました」

そうして始めた情報発信は広まり、その影響もあって湯沢町では移住するための一歩としてこの制度を利用して、二拠点生活を始める子連れ家族が急増したそうです。

千葉県から湯沢町へと移住して、大変なことはなかったのでしょうか。

「豪雪地帯への引越しということで、最初は大変でした。子どもたちにとっては、慣れ親しんだ学校に3学期から行かなくなりますし、色々と新しいチャレンジだったと思います。雪の中20分かけて歩いて登校したり、毎週スキーの授業があったり、千葉では決して経験できない環境に大きな刺激があったと思います。最初は不安そうでしたが、登校初日の始業式の帰りには友達と遊ぶ約束をしてきて、あっという間に馴染んでいましたね」

Ｓｗｉｔｃｈなどのゲーム機を使って遊んでいる都会の子どもたちとは違って、湯沢町の自然豊かな環境のなかでは子どもたちの遊び方も大きく違うそうです。

「冬は雪が積もっているために、公園では遊べないんです。雪山を作りスキーのジャンプ台にしたり、そこから角度を考えて階段を作ってみたりと、何もないなかから作り出して遊ぶようになったのは変化のひとつですね」

もちろん移住も最初からうまくいくことばかりではありませんでした。二拠点生活を始めたのは、ちょうどコロナ禍の前。当時はまだオンラインミーティングを取り入れる会社も少なく、移住当初は仕事が減ってしまったそう。そこで、池辺さんたちは空いた時間を情報発信などの時間にあて、それが結果的にこの土地でのさまざまな縁を生み出すことに繋がりました。

「二拠点生活をスタートする前から始めていたブログやＹｏｕＴｕｂｅを見てくれた人が話しかけてくれたり、ご飯会を開いてくれたりしました。湯沢町は観光業で栄えているからか、みなさんとてもオープンで、他から来る人にも慣れていましたね。

毎日地元のコワーキングスペースで仕事をしていたのですが、そこの企業の方が運営している移住支援のサイトを手がけたり、コワーキングスペースを通じてできたたくさんのつながりから観光プロモーションの仕事を依頼されたりと、少しずつ繋がりが広がっていきました。私たちの二拠点生活の経験から、移住関連のお仕事も増えたりしたことも嬉しかったですね」

二拠点生活をしている家族の多くは地元の方との接点は週末しかないことが多く、また自宅にこもってのリモートワークだとさらに関わりが少ないことも。池辺さんは地元に溶け込むのに、コワーキングスペースを利用することは自信を持って勧められると言います。

また、地元の学校に子どもを通わせることによって、保護者同士の繋がりもできたそうです。

二拠点で学ばせる場合、気になるのが子どもの教育について。学校が違えば勉強の進捗状況も違いますし、教科書も違います。

「最初は本人たちも戸惑っていましたね。移住して気づいたのは、千葉ではタブレットを使って宿題をすることはありましたが、湯沢町ではタブレットを使って週末に家族で料理を作る様子を動画にして発表する課題が出たり、同じ地域の別の学校とＺｏｏｍでつなぎ、それぞれの学校紹介をしたりと、ＩＣＴ教育が進んでいることです」

元々バンで全国を回る多拠点ライフをしていた池辺さんご夫婦ですが、実はお子さんへの教育においてもこの生活は大切だと感じています。

「子どもの教育には正解がないからこそ、他の人にはできない経験をさせたいと思っています。ただ私たちが知らないことは、子どもたちには教えてあげられませんし、家族だけで子どもを育てることに限界があるのではないかと感じています。こうして旅をしたり普段とは全く異なる環境で暮らすことで、色々な大人の生き方を見せたいと思うんです。そうすることで将来の選択肢をたくさん持てるようになりますし、それぞれの環境で新しい価値観に触れることができます。子どもたちだけじゃなく、私たちと年が近い人にもぜひ試してほしいなと思っています。いま将来的な明るい見通しがなく、多くの人が今の暮らしを守ろうと保守的になっているような空気を感じています。

私たちも始める時はふたつ分の家賃がかかることや仕事面など不安を抱えていました。でも、実際に環境を変えたことで人生観が変わりました。

周りにいる人が変わって、自分たちに影響を与えてくれる人たちも変わりました。動いてみないとわからないことばかり。一歩勇気を振り絞れば、その先に明るい未来や叶えたい未来に繋がると思うんです」

新しいセカンドホーム、平日は自分の職場、週末は子どもの遊び場

会社員・岩井さん

MULTI-LIVING LIFE

システムエンジニアとして働く岩井さんは、セカンドホーム・サブスクリプションである「SANU 2nd home」を利用して、現在週末だけワーケーションを実践しています。

以前は週5日勤務だった働き方も、コロナ禍以降在宅の制度ができ出社は月に1~2回程度になったそうです。在宅勤務制度を取り入れる際、会社では生産性が下がることを危惧する声もありましたが、実際時間も経費も節約できた上に心配されていた生産性も下がることはなく、現在はフルタイムで自宅勤務となっているようです。

そんな中、岩井さんはSNSで知人が「SANU 2nd home」のサービスを共有していたのを見かけ、まだサービス開始前でプレオーダーの抽選枠の参加を募っ

ていた当時、応募します。

「建物も魅力的だったし、フルリモートになったこともあって、応募してみました。何より子どもを自然の中で遊ばせたかったんですよね」

応募したことも忘れていたある日、当選の連絡が届きます。

元々ご家族で1～2ヶ月に一度は旅行をしていたと言います。以前からワーケーションに興味を持っており、「SANU 2nd home」の利用を始めたのは2022年2月。最初は山中湖に足を運びました。

「家族で金曜の夜に出発して、土日を向こうで過ごしましたね。今では毎月1～2回は行っています。子どもたちの学校が休みの時は、入り浸っていました。また私が仕事でじっくり作業をしたい平日なども利用しています。ミニマルな旅なのも魅力のひとつ。すぐそばには大自然が広がるので、都会のシェアオフィスよりリセットしてフレッシュな頭で作業ができます。仕事に集中したあとは、気分転換にテラスに出て景色を眺めたり、近所を散策したりしていますね」

旅行と現在の別荘のサブスクリプションサービスの違いは、「予約さえ取れればすぐに行けること。今は家族４人なので、経済的にも家族４人でホテルに宿泊して食事を済ますより、ハードルも低く、予約も簡単。とくに旅先から旅先へのハシゴもしやすいところも魅力的です」

このサービスでは、すべて同じ間取りで同じ家具が置いてあります。

「慣れてくると、家に帰ってきたような感覚になるんです。違う地域の施設に行っても、変わらない安心感があります。ホテルは非日常を味わえるけど、ここはもうひとつの日常を味わうような気分で使っていますね」

幼年期や社会人の最初の頃は札幌に住んでいたという岩井さん。車で30分も走れば自然と触れ合える環境がとても好きだったそうです。

「子どもたちの情操教育にもいいなと思っていたんです。娘はもともと虫がすごく苦手だったんですが、今では虫かごと網を持って虫採りに行くほど。夏は満天に広がる天の川や蛍を眺めたり、冬は雪合戦やかまくら作りなど、東京にいるときはできなかった経験ができています」

現在の在宅の働き方だと、移住のハードルも高くないなか、どうして今のスタイルを選んでいるのでしょうか。

「今東京で住んでいる家が奥さんの実家に近いんです。もし自分で別荘を持ったり、どこかへ移住したりすると、一箇所に縛られるという側面がありますよね。今は季節ごとに行く場所を変えていて、たとえば夏は八ヶ岳で蛍を見たり、秋は山中湖で紅葉を見たり…とその時々に色々な場所へ行けるのがいいですね。もしこの先定住したいと思える場所と出会えたら変わるかもしれません。今は新しい拠点ができたら、なるべく早く足を運ぶようにしています」

多拠点ライフの魅力を最後に伺いました。

「普段の日常生活を離れて、もうひとつの日常をつくる、というのが魅力。日常生活のストレスから離れ、物質的な豊かさではなく心の豊かさを手に入れられると思っています。家族みんなで多拠点ライフとなると、移動や時間、費用の負担も出てくると思います。初期費用がかからず手軽に始められるのも、合わないと思ったらやめられるのもサブスクの利点です。子どもをどこかへ連れて行ってあげたい人や、既婚未婚子なしのカップルでも、子どもが大きくなり独立したシニアの方なども、それぞれが自分にぴったりの場所やライフスタイルを見つけられたらいいなと思います」

世界各国のホテルを旅しながらワーケーションライフ

会社員・西さん

MULTI-LIVING LIFE

西さんは定額でホテルステイができる「ＨａｆＨ」を使って、色々な場所のホテルに滞在する多拠点ライフを2年間ほどしていました。現在は福岡の自宅を拠点に、ワーケーションを取り入れながら働いています。

多拠点ライフへのきっかけは、転職。転職先が決まった矢先コロナ禍により、その仕事がキャンセルとなってしまいます。その後、別の企業の立ち上げに参加することとなり、日本各地を三ヶ月単位で動き回る生活が始まりました。

「その年は年２００日くらいをホテルで過ごしていました。元々旅行が好きだったので、抵抗はなかったです。東京に10年ほど住んでいましたが、実家のある福岡へ拠点を移すことにしました。

立ち上げも落ち着いた二年目には、ちょうど全国旅行支援があり、それをうまく使いながらホテル暮らしをしました。というのも、実家からオフィスまで片道一時間半ほどとかかることもあり、オフィスの近くのホテルに滞在して、通勤していたんです」

立ち上げが落ち着いてからは、ＨａｆＨのサービスを使って海外へも足を運んでいたそうですね。

「出張扱いではなかったのですが、会社の支店がある各地に同僚へ会いに行っていたんです。昼間は仕事をして夜はホテルに滞在していました。コロナが落ち着いてからは沖縄や海外にも足を運び、韓国、ハワイ、バリへ行きました。長期休みはとらず、平日2～3日休んで5泊6日の滞在が多かったです。会社が海外でも利用できるシェアオフィスに登録しているので、韓国ではそのシェアオフィスを利用して仕事をしました。自分持ちで支払う必要がないことも助かりました。宿泊はＨａｆＨのサービスを使っていました」

サーチャージなども上がっているなかで、どのようにやりくりをしていたのでしょうか。

「旅のなかで大きく占めるコストは宿泊費と交通費だと思うんです。そこをうまく抑えるのがポイントです。当時はまだコロナ禍の影響によりホテルの宿泊費も安く、当時は全国旅行支援もあり宿泊費は今よりずっと安かったんです。私はクレジットカードのポイントを利用しているんですが、燃油サーチャージのみ支払って、6000円くらいでハワイに行ったこともあります。また、日頃からSNSを見るような感覚で航空券の値段をチェックしていますね」

他にも、HafHのサービスをブログで紹介したり、クレジットカードの紹介ポイントをうまく利用したそうです。


一年の半分以上、ホテル暮らしだった西さん。どんな発見や気づきがあったのでしょうか。

「大変だったのが食事の面ですね。料理好きなのですが、ホテル暮らしだと自炊が難しいため、コンビニなどで済ますことが多く、ちょっと太ってしまいました。あと、長期滞在になると洗濯機があるかがすごく重要。沖縄で利用したとき、キッチンも洗濯機も備えられていてすごく助かりました」

ワーケーションをしている彼女にとって時差が少ないのは、仕事の面でメリット。特にアジアは、時差も少なくコストも安く済むので気に入っているそうです。

ワーケーションでのポイントを聞きました。

「定期的にミーティングをしなければいけないため、私の場合ヨーロッパとなると時差の関係で難しいと思っています。私は8時間しっかりと仕事の時間を確保するようにしています。ＨａｆＨの拠点はどこもＷｉ－Ｆｉ環境が整っているので、カフェなどで仕事することはありませんね」

ワーケーションのどんなところに魅力を感じているのでしょうか。

「東京から地元の福岡へ戻ったのですが、東京に比べると少しだけ物足りなさを感じることもあって…韓国やバリは、日本からちょっと足を運ぶだけで、言語もまったく違いますしとても刺激的だと思います。

新しい出会いにもわくわくしますね。福岡の拠点では、滞在者たちのもつ鍋の会や他の多拠点サービスとの交流会などもありました。ＳＮＳを介して交流している人も多く見かけましたよ。私はTwitterを主に使っていたのですが、そこでは滞在したホテルの情報を収集したりシェアしたりしていました。

同僚や友達や知人に声をかけて一緒に行くこともありましたが、一人で韓国に滞在していたとき、サムギョプサルなどは二人前からのお店が多くて、一人では食べきれない量が出てくるんです。その時はデーティングアプリを利用して、現地の人と一緒に食事をしました。ハワイでは、Meetupというアプリを利用して現地のヨガイベントに参加しましたね」

多拠点生活で出会った先で移住を決め、はじめての起業

元会社員・起業家・沈さん

MULTI-LIVING LIFE

沈さんは新卒から10年働いていた会社を辞め、ADDressを利用して色々なところに移り住み、その後大分県へ移住し、そこで起業しました。

退職、多拠点ライフ、起業…と色々な変化がありましたが、多拠点ライフを始めたきっかけはなんだったのでしょうか。

「もともと旅好きだったのですが、以前の仕事は週3〜4日は出社しないといけなかったんです。だから気軽に旅もできなくて。会社を辞めることを決めて、有休消化の時に以前から知っていたADDressを始めることにしました」

仕事も、住んでいた鎌倉の家も、手放した沈さん。不安はなかったのでしょうか？

「もともと荷物も多くなく、どちらかと言うとミニマリストでした。会社を辞め

てリスタートするタイミングで、旅の生活を始めてみようと思いました。

それまでは、こうしないといけない、こうあるべき、といった固定概念や社会的価値観に縛られていたように思います。でもある時、自分が心からやってみたいと思うことを、直感を信じてやってみようと決めました。あまり考えずにスタートしたかもしれません。でも、手放したことによって、身軽になり予想もしなかったいいことがたくさん訪れたんです」

飛び込む前は不安だったものの、結果的に何も失うものは何もなかったと言います。予想していなかったいいこととはなんだったのでしょうか。

「たくさんありますが、一番は自分の考え方が変わったこと。以前は失うことに対して不安を抱いていましたが、考えてみると私が執着していたものは役割や立場などそういったものでした。自分の環境を変えたことで、周りにいる人が変わりました。自分が変わると周りも良くなっていくことに、当時すごく勇気をもらったんです。このことで、その時の自分に合う人や環境があるのだとわかりました」

生活も環境も一変した中で、大変だったことや辛かったことはなかったのでしょうか。

「大変だと思ったことはなかったです。強いて言うなら、固定の家がない状態で長期に渡り旅をするのは、体力的にきついこともありました。

幸い9割くらいの拠点には自炊できるスペースがあり、調味料も揃っているので、基本的には自炊をして暮らしていました。自炊中心の生活だと体調も整えやすいのでその点はとても助かりました」

ADDressを利用しながら色々な場所へと拠点を移していった沈さん。印象的だった場所はあるのでしょうか。

「食べ物も、性格も、地域によって違いがあったのは発見でしたね。それと地方では、明日考えるより今を大切に暮らしている人が多いと思いました。あと自然を大切にしていますね。昔の生き方に近いのかもしれません。そのシンプルな考え方は、私が移住で得たもののひとつです」

起業するときに多拠点で出会ったつながりなどはあったのでしょうか。

「色々な場所に住んでみたので、自分にフィットする場所がわかりました。私は大分へ足を運んで、ここだと思いましたね。ADDressの家守さんが地域のハブのような存在となってくれました。別府市の起業支援など紹介してくれて、とてもスムーズに進みました」

元々起業の夢を持っていた沈さんですが、日々の生活の中でその夢を諦めかけていたそうです。多拠点ライフでのたくさんの出会いによって、起業の形も生き方も、色々な形があることに気づいたそうです。

「生きていれば誰でも辛いことはあるけれど、あとで後悔しないためにも進むことが大事だと思いました。

私自身としては、これから自分の持っているものをできる限りシェアしていきたいと思っているんです。自分が悩んでいた時に誰かに助けてもらったことで今の幸せがあります。自分らしく生きていくなかで、私も誰かに幸せを分けてあげられたらいいなと思っています」

第4章

多拠点ライフの心得。自分にも地球にもサステナブルな生き方をしよう

多拠点ライフはサステナブルな生き方への入り口

MULTI-LIVING LIFE

地球環境のサステナビリティは、今や誰もが意識しなければならない喫緊の課題となっています。地球の温暖化が進行すると、気温が上昇し、地球全体の気候が大きく変わる気候変動が引き起こされます。すでに世界中で自然や人々の暮らしにさまざまな影響や被害が出てきています。

このような状況の中で、ＳＤＧｓをはじめとする持続可能な環境を目指す共通目標が掲げられ、人々や企業が環境に配慮した活動や消費を進める動きが加速しています。しかし、現状の進み方では温暖化を止めることは難しいとされています。だからこそ、私たちが一人ひとり「地球と生きている」という根本的な意識を持つことが重要だと考えます。

現在広がっている企業やライフスタイルの取り組みは、確かに環境への配慮をしたものですが、その前提には人間社会が中心の考え方です。しかし、私たちが取るべきアプローチは、人間社会を回すために地球へ配慮するのではなく、むしろ地球の循環に私たちが寄り添っていくという発想の転換が必要ではないでしょうか。一度人間が中心の考えを手放し、「地球」を身近に感じ、地球の声に耳を傾け、自然の循環を実感してみることが重要です。私はこれが、本当の意味でサステナブルな考え方であると信じています。

私は大分の集落での暮らしを通じて、地球を身近に感じる素晴らしい経験をしました。大自然の中に古民家がポツンとある暮らしで、この自然の中で生活することで草花や生命の生態系が目に見えてわかるようになりました。

例えば、最初に大分に来た時は、ゴキブリを見つけたらすぐに殺虫スプレーを使っていました。でも、今ではクモがゴキブリを食べ、ゴキブリの死体をアリが食べるといった食物連鎖を身近に感じられるようになりました。

また、四季折々の草花の成長を通じて、春には新しい生命の芽が木々にふくらみ、夏には生命力に満ちた鮮やかな緑が生い茂り、秋には熟した果実が実り、冬には落ち葉が土の養分となり次なる生命の誕生に向けて蓄えられていく様子を感じることができます。地球の時間の流れと、私たちが手を加えなくても自然と循環していく姿に、人間が手を加えることの不自然さに気づかされました。そして、「快適さ」や「便利さ」だけでなく、地球と心地よく共存する視点を持つことの大切さを日常の中で実感するようになりました。

お米づくりも地域の土地の生態系や環境を理解することが必要です。私はお米づくりを始めて3年になりますが、地元の農家さんから、この地域の土や川の水について、土地の性質に目を向ける重要性を学びました。季節の変化の中で自然の恵みを収穫し、少しだけ加工して保存することも大切だと教わりました。自然を愛すると、自然を壊すことを避けようとする気持ちが強くなります。

また、この美しい景色を子どもたちにも見せたい、守りたいという思いがわいてきます。次から次へと新しいものを買うのではなく、手持ちのものを工夫して使ったり、ゴミを減らす工夫をするようなライフスタイルに変わっていきました。

多拠点ライフを通じて、さまざまな地域の自然や土地の魅力に触れ、先人たちが大切に守り育ててきた地球と共に生きる知恵を学ぶ機会が増えれば、サステナブルな本質を体感できるでしょう。

地域が多拠点生活者を受け入れる際にも、サステナブルな視点が必要です。コロナ禍で地方移住や関係人口が注目され、地域も外からの人を積極的に受け入れることで活性化するという話は前述した通りですが、注意すべき点もあります。地方で都市と同じ生活スタイルや価値観のまま暮らす人が増えると、むしろ地域を壊すリスクも考えなければなりません。

私が委員を務めていた政府の地方創生有識者懇談会という委員会では、次のような提言をしました。

「都市から地方への人の流れは歓迎する一方で、都市の暮らしやライフスタイルをそのまま地方に移動させたら、デパートやマンションが乱立し、自然の景観が失われるどころか、さらにCO_2排出やゴミの増加といった環境問題が拡大してしまう可能性がある。だからこそ、地域は今ある景観を大切にしつつ、新しい住民を迎え入れることを目指すべきです」ということです。地域の活性化には市場経済の自由だけに任せるのではなく、一人ひとりが残すべきものや守るべきものに向き合い、官民が連携して共に話し合っていくことが重要です。

要するに、地方への移住や多拠点生活者の受け入れは、単に人口を増やすだけでなく、地域の個性や自然環境を保護しつつ、サステナブルな未来を築いていくための視点が必要なのです。

人と地域との「信頼」のつくり方。柔らかな公共心を持とう

MULTI-LIVING LIFE

多拠点ライフは異なる世界を行き来する生き方だと感じます。場所が変われば、価値観も使う言葉も変わります。

私が多拠点ライフをしていて改めて気づいたことは、どの地域にも歴史、文化、価値観があり、まったく違う物差しで生きているということ。大袈裟かもしれませんが、別の国に来たというくらいの気持ちで、その地域のことを知っていく姿勢が大事だと思うのです。

その中で、どうやって信頼を築いていくのかを考えなければなりません。都会とは信頼のつくり方が大きく異なります。例えば、東京では共通の価値観のもと、

仕事や会社名、所属などで私たちは相手のことを知ることがほとんどです。

大分での暮らしを始めた当初は、何が信頼の物差しとされているかがわからず、戸惑ったこともありました。パソコンを使って仕事をしていても、集落にはパソコンを知らないおばあちゃんもいたりして、私はフリーターと思われていたようです。この地域に若い人が来るのも珍しく、最初は馴染むのに苦労しました。

まずはその人たちの暮らしや文化、歴史について知ろうと思い、地域行事やお祭り、農作業などに積極的に参加するようにしました。地域でよく見かけるおばあちゃんに「何が採れるんですか?」「それどうやってつくっているんですか」と話しかけてみる。そんなふうに、地域の人との関係を自分からつくりにいく姿勢は、ちょっと勇気のいることだけれど、信頼をつくっていく上ではすごく大事だと感じます。

多拠点ライフのスタイルはさまざまあると思います。人とほとんど交流しない一人旅の延長のような形もありますし、どんどんとその地域に溶け込んでコミュニティの真ん中にいくような人もいます。どんな暮らし方であっても、その地域やそこで暮らす人々に敬意を持つ姿勢が、信頼を得ていく上で一番大事なことだと思います。

地域との「信頼」をつくる上で、私がもうひとつ大切にしているのが「柔らかな公共心」を持つことです。

現代の生活はほとんどが経済活動の中に組み込まれています。お金を払ってモノやサービスを利用する。そういった経済活動に当たり前に慣れすぎていると、「お金を払えばなんでもいい」という意識になってしまいがち。公共心とはその反対にあるその場所やモノが、みんなの共有物であるという意識です。

例えば地方の地元の人が運営している温泉施設では、脱衣所で自らモップをかけたり、髪の毛を掃除している常連さんをよく見かけます。お客さんであっても利用するすべての人が、掃除をして清潔に保ち、「この温泉は地域のものであり、共有物」という感覚で利用しています。「お客さんとしてサービスを利用している」というより、「みんなのものだから綺麗に使う」。この感覚は都会では経験したことがありませんでした。

昔は数軒でひとつの電話をシェアしたり、お風呂も各家庭にはないことが普通でした。近代化により、誰もが簡単にモノを所有できるようになった社会的背景や核家族化などが現代の価値観に大きく影響しているのだと思います。現代では失われつつある公共心を持てるかどうかが、その地域で「お客さん」ではなく「地域の人」になる境界線なのかもしれません。ワーケーションや旅行者として訪れても、自分が消費者という意識だと気づかない視点だと思います。

その地域の一員として大事にしていくという気持ちがなければ、ずっとよそ者である意識を持ち続けることになりかねません。自分のことをよそ者と感じながら、多拠点ライフを続けるのは苦しいです。せっかくご縁があってその地へ辿り着いたのだから、柔らかな公共心を持ち、地域の人々と関わることで、そこを第二の故郷や自分の帰る場所と思えたら、これほど素敵なことはないと思うのです。

「ともにある」という共生意識が、つながる社会をつくる

MULTI-LIVING LIFE

本書では多拠点ライフこそ人とのつながりを感じられる生き方であるということ、そしてそのつながりをつくっていくためには関わりと信頼をつくっていくことが重要であると提唱してきました。

私は長らく多拠点ライフこそ人とのつながりを感じられる生き方であると提唱してきました。そしてそのつながりを築くためには、関わりと信頼を育むことが重要だと考えています。

しかし、現代社会は驚くべきほど「人とつながる」時代でありながら、社会の断絶、分断、孤独がますます拡大しているという現実もあります。望まない孤独や孤立が社会問題となり、日本政府に孤独・孤立対策担当大臣が設置されるほど

の状況です。さらに近年の社会不安による犯罪の増加も、「自分さえ良ければ」という境界線を引いて他者との共生意識を欠く影響があると私は懸念しています。

この社会がより持続可能な共生社会に向かっていくためには、私たちにとって本当の「つながり」とは何か？　真の意味での「つながり」を理解し、共生意識を育むことが重要だと私は考えています。

しかしその一方で、過去にないほど「人とつながる」時代であるにもかかわらず、なぜ私たちは孤独感を抱きやすいのか？　それは、近代に定着した西洋的な「個人主義」の思想にあると思っています。「自分と他者は全く切り離された存在である」という価値観です。

私はこの個人主義を前提とした社会ではなく、日本が自然とともに育んできた自然と調和する精神性に目を向け、「人はつながるのではなく、すでにつながっている」という感覚を取り戻していくことが必要だと思っています。「すべてのものに神が宿り、ともに生きている」という八百万の精神のもと、個人という単位ではなく「自分は全体の中の一部であり、一部である自分が全体を構成する」という自然、他者との共生意識、そこから積み重ねてきた「支え合い」の歴史。この「すでにつながっている」という精神性は、過度なつながりによる虚無感や排他的な断絶から解放され、自然や他者との共生意識を育くみ、本当の心の豊かさを得る手助けになると私は考えています。

多拠点ライフを通じて、都市の生活から離れ、地方に根づく日本の文化や思想、自然を全身で感じてみましょう。

誰かの居場所になろう。「おかえり」と言える幸せ

MULTI-LIVING LIFE

最後に、もしあなたが多拠点ライフの魅力に気づいたのなら、著者としてこれほど嬉しいことはありません。

そしてできることなら、多拠点ライフを受け入れる側になる「場を開く人」になってほしいと思います。自分のために暮らすことに少しだけプラスして、自分が誰かの居場所をつくれるようになれば、それはきっと誰かにとっての居心地のいい場所になるかもしれません。そうした網目のようなセーフティネットを全国へと広げていくことが、これから大事になってくるのではないかと思うのです。

私が訪れたさまざまな地方で、知らない人でも縁側にあげて一緒にお茶を飲む

文化が、今も当たり前にある場所をいくつも目にしてきました。シェアリングエコノミーが徐々に定着し始め、シェアハウスやシェアする空間が増えたり、都市と地方の境界線を溶かし、誰もが立ち寄りやすいコミュニティにつながっていくようなスナックや飲食店などの拠点を各地でつくるような人たちが増え、ニューローカルをつくる人たちのムーブメントが広がっています。

他人とシェアする空間づくりは、昨今ますます注目されていると感じます。そんな風に全国に誰もが居心地のいい場所をシェアできる「場を開く人」がもっと全国に増えていくといいなと思います。

今の日本は他人を自分の家に迎え入れたり、誰かにオープンに開くような場を持つことはまだまだハードルが高いように感じます。ゼロリスクのセキュリティを追求することが重視され、つながりの希薄化が進むことに慣れてしまった私たちは、どこか、人を容易に信じたり、他人を家に受け入れたりするのは危険だという意識を持ち、家も心も、色んな鍵を閉めるような意識にかられている気がします。

都心部においても地方においても、何かあった時に助け合い、必要な時に頼れる存在や居場所があることが、私たちの心の安定をもたらし、より豊かな人生にしてくれます。「誰かの居場所」をになる視点を、持ってみてください。誰かの居場所をつくること、誰かの拠り所に自分自身がなる幸せがきっともっと豊かな人生になっていくはずです。

第5章

実践！今すぐ多拠点ライフを始める入門ガイド

住まいのサブスクリプション！

ADDress

月額：9,800円～　**初期費用：**なし　**展開エリア：**全国　**拠点：**270カ所以上

多拠点生活に注目が集まるきっかけとなったともいえる代表的なサービス「ADDress」。都心部へのアクセスが良い都会から、自然や歴史が豊かな地方まで、定額制で全国270ヵ所以上ある家に住めるサブスクです。2023年には料金プランの改訂があり、よりライトに個人の都合に合わせたプランを選べるようになりました。北海道から沖縄の離島まで、古民家やホテル・旅館、温泉付き別荘など全国のユニークな住居での多拠点生活。たとえ初めて訪れる地域でも、地域をよく知る地域と会員を繋ぐ橋渡し役である「家守」がいるため安心です。

https://address.love/

都心から1時間ほどとアクセスのよい神奈川県のADDress鎌倉B邸の自然豊かな場所にある家。

三崎港からすぐの神奈川県三浦のADDress三浦A邸。すぐ目の前には海が望める。

ADDressは、日本各地の空き家を活用した、住まいのサブスクリプションサービス。

初期費用や光熱費はすべて込みで、月額9800円から利用可能。Wi-Fiや家具・家電など、生活や仕事に必要なものはすべて完備しています。

入会手続きを済ませたあと、ホームページより気になる家を探して予約をすれば利用可能です。

各家には自炊設備が用意されていることが多いので、作った食べ物をシェアする利用者も多いとか。仕事や学生時代とは異なるコミュニティと出会えるのも魅力です。

また、多拠点生活者は、住民票を実家や特定のシェアハウスに置く人も多いなか、ADDressでは、住民票も置ける自分専用スペースを契約できるオプション「専用ベッド」も。「固定の拠点は捨てたくないけど、ホッピング生活も楽しみたい！」という方におすすめです。

国内外の約2000のホテルに滞在できる

HafH

月額：9,800円～　**展開エリア：**30ヵ国　**宿泊施設数：**約2,000

日本サブスクリプション大賞2021に選ばれた「HafH」。ふたつのプランに応じて毎月一定のコインが付与され、コインを使ってホテルに宿泊できるサービスです。国内の多拠点生活向けサブスクの中ではトップクラスの拠点数を誇り、中でも都心部の拠点が充実しているため、東京都内を移動しながらリモートワークをして暮らす生活が実現可能です。他にも週末のホテル暮らしや、近場で気分転換をしたいときなど、多拠点生活の第一歩にもおすすめ。コインを貯めれば旅行を兼ねた贅沢ステイも叶います。上の写真「ロワジールホテル 那覇」は550コインで宿泊可。

https://www.hafh.com/

コインを貯めれば、格式高いラグジュアリーなホテルの宿泊も可能。繁忙期でも料金を気にしなくてOK。

250コインで泊まれる「OMO 5 東京大塚 by 星野リゾート」。街ナカの滞在に嬉しい機能が充実のホテル。（2023年7月時点）

ＨａｆＨは、土日・祝日、繁忙期などに左右されずに毎月定額でホテルや旅館などに宿泊できるサービスです。宿泊施設は、30ヵ国に約２０００以上あり、ビジネスホテルやシティホテルをはじめ、ハイクラスホテルやリゾートホテル、高級旅館に泊まることも可能です。

例えばスタンダードプランの場合、毎月９８００円で３００コインが付与されます。泊まるために必要なコインはホステルやビジネスホテルなら1泊50～２５０コイン、シティホテルや旅館は３００～７００コイン、ハイクラス・リゾートホテルは７００～２５００コインが目安です。コインは貯金できるため、泊まらなかった月は繰り越され、次の月にはよりハイクラスな施設への宿泊も可能になります。最大のポイントは、平日も土日も同じコイン数で泊まれること。予約も即時予約から24時間前後で確定できます。多拠点生活のホテルステイはもちろん、旅行にも使える〝旅のサブスク〟です。

※記載の情報はすべて２０２３年６月末時点。

都心から近い「自然の中の暮らし」を軽やかに

SANU 2nd Home

月額：55,000円〜　**初期費用**：なし　**拠点**：11拠点62室（2023年7月時点）

美しい自然の中にもうひとつの家を持てる、セカンドホーム・サブスクリプション「SANU 2nd Home」。都会の喧騒から離れた非日常空間でのリモートワークや、平日は都心で、週末は家族とゆったり郊外で過ごす二拠点生活が手軽に実現できるサービスです。写真は長野県白樺湖のほとりにある拠点。静かな朝には湖を一望するウッドデッキでコーヒーを飲み、白樺湖でカヌーやボート、ランニングもおすすめ。天気のいい日には少し足を伸ばして車山や登山も。施設には家族や友人を呼ぶことも可能。都心からアクセスの良い別荘地エリアでの暮らしが叶います。

https://2ndhome.sa-nu.com/

長屋のように連なるメゾネットタイプの建築。海に向かい両手を広げたように建築を配置した千葉県一宮の拠点。

雄大な山々に囲まれた八ヶ岳の森。大きな窓や薪ストーブ、焚き火台もあり、大自然を堪能できる。

森の中や海、湖のそばの自然豊かな場所で、別荘で過ごすように滞在できるのがSANU 2nd Homeです。料金は月額制で、月会員55000円。月8日間まで追加料金はなく(※)、1回の滞在当たり3300円の清掃費のみでOK。初期費用や維持費がかからず、管理の手間もないので、手軽に二拠点生活をスタートできます。

2023年5月現在、軽井沢、白樺湖、八ヶ岳、河口湖、山中湖、伊豆高原、北軽井沢、一宮など11カ所に滞在拠点があり、どこも都心から1時間半〜3時間のいわずと知れた別荘地です。2025年までに200棟着工を目指し新たな拠点も次々とオープンしています。時期によって会員枠が満席のときにはウェイティング登録をしておくのがベターです。

さらに、魅力なのは立地だけでなく、モダンな独立型キャビンの開放感と木のぬくもりが味わえる心地よい空間、今後増えるメゾネットタイプの施設など、滞在バリエーション豊かに上質なくつろぎをもたらしてくれます。

※土日・祝日は追加料金5500円〜。

コミュニティ型多拠点コリビング

LivingAnywhere Commons

料金：拠点使用1回につき5,500円（回数券あり）、月額プラン39,600円～
初期費用：なし　**展開エリア：**全国　**拠点施設数：**49拠点（2023年6月時点）

好きな場所でやりたいことをしながら共に暮らすことを目的としたコミュニティ「LivingAnywhere Commons」。メンバーに登録することで、日本各地にある拠点の共有者となって、仲間たちと共に暮らしを送ることができます。ローカルコミュニティ、自然、SDGsを意識した拠点に、1泊からロングステイまで個々に合った滞在の仕方が選べます。写真は昔ながらの風情を残したつくば拠点。屋根裏がワークスペースになっています。すべての施設にコミュニティスペースがあり、地域交流の場となっている拠点もあります。

https://livinganywherecommons.com/

登山口までは5分の高尾拠点。自然を眺めながら仕事したり、登山以外のアクティビティも楽しめる。

磐梯山のふもとに位置する会津磐梯の拠点。広大なグラウンドやテニスコート、プールも兼ね備えている。

プライベートを大切にするホテルや旅館とは異なり、会員同士や拠点のスタッフ、地域の人々など、人と繋がる共有空間を大切にした、シェアする暮らしのためサービスがLivingAnywhere Commonsです。すべての拠点に、ワークスペース、コミュニティスペース、ゲストルーム（宿泊スペース）が備わっており、ロングステイに便利なキッチンやランドリーがある拠点もあります。価値観を同じくする人々が居住を通じてコミュニティを形成し、共同生活を送ります。

スタンダードプランの場合、月額39600円でオリジナル拠点は無制限、パートナー拠点は9泊／月（※）まで泊まることが可能です。

※拠点にはLivingAnywhere Commonsが運営するオリジナル拠点と、全国のゲストハウスと連携するパートナー拠点の2種類あります。料金プランはスタンダード以外に、1回の利用につき5500円のベーシック、月額94600円で全拠点を無制限で使えるプレミアムがあります。

世界220の国と地域で、現地の人が貸し出すユニークな部屋や理想の滞在先が見つかる民泊プラットフォーム

Airbnb

滞在費：宿泊施設によって様々　**物件掲載数：**非公開　**展開エリア：**国内外で幅広く展開

「Airbnb」は、世界中の旅行者と空いている家や部屋を宿泊場所として提供する「ホスト」をつなぐプラットホームです。世界220の国と地域で、660万の家や部屋の中から土地・目的・予算に合わせた多彩な物件が見つかるため、多拠点生活者の滞在先探しには欠かせないソースになっています。400万以上のホストが迎える宿泊先にはユニークな場所も多く、長野県の300年以上の歴史を持つ古民家（上記の写真）やアムステルダムの運河に浮かぶボートハウス、イギリスの古城など、暮らしのアクセントになるような場所も簡単に見つかります。

https://www.airbnb.jp/

ツリーハウスやお城、キャンピングカーなど、コンセプトのある個性的な部屋も多数登録されている。

シドニーのゲストハウス。理想や予算に合わせて世界中の物件から選ぶことができる。

民泊、ホームステイ先を探すためのプラットフォームとして知られているAirbnbは、旅行者だけでなく多拠点で暮らし、仕事をする人々にもよく利用されています。部屋の種類が豊富で、一般の住宅以外に、駅から近い都会のワンルームもあれば、オーシャンビューの住宅、一棟貸し切りの古民家などもあり、目的や予算に合った場所が必ず見つかるといっても過言ではないほど、多岐にわたっています。

泊まれる場所のメインは一般の家庭なので、既存の宿泊施設だけでは体験できない、旅行先を深く知るホストと繋がり、ローカルならではの体験ができるのも魅力。訪れた先で、ホストがその土地ならではの場所を案内してくれるなど、地元の人との交流を持ちやすいのもAirbnbならでは。一泊数千円のリーズナブルな物件も数多くあり、滞在費を抑えたいときにも便利です。国内だけでなく、世界中220の国と地域で660万件以上のリスティングが掲載されているので、海外でのアドレスホッピングにも最適です。

コテージからホテルまで提携宿泊先も利用できる

wataridori

月額：50,000円～　**拠点：**全国10カ所

知らない地域に触れて、知らない自分に出会う、その先に新しい価値観や新しい自分、自分らしい暮らし方と出会える。渡り鳥のように自分を再発見する暮らしが体験できるのが「wataridori」です。全国各地の大切に使われてきた大きな邸宅や風情ある古民家、別荘など、優良な住宅を借り上げて、会員に貸し出しているサービスです。このサービスの特徴は、選んだ住宅で「生活をする」ことが重視されているため、利用期間は１週間単位が基本であり、地元のことを知るためのシステムや、働くための「生活メニュー」も整っていることです。

https://www.wataridori-life.com/

熊本・阿蘇の高級別荘地に建てられた、スウェーデン式温泉付きハウス。外装、内装、家具、照明もすべてスウェーデン輸入。

右ページと上記の写真は、共に岐阜県・高山渡り鳥ハウス。現代に引き継がれた匠の技が漂う家。

地域で大切にされてきた優良な住宅を借り上げた、通称「渡り鳥ハウス」。旅行でも移住でもない、知らない地域での第二第三のふるさとを作るサービスがwataridoriです。高知県・高知市、千葉・勝浦御宿、熊本・阿蘇、三重・伊勢おかげ横丁、秋田・田沢湖など、東北〜九州にハウスがあり、選んだ地域で、文字通り「生活」を営むことに重点を置いてます。

滞在先では、アンバサダーと呼ばれる各地域の企画・運営担当者が、具体的な生活メニューなどを考えてくれます。さらに、コンシェルジュが、例えばゴミの出し方から地域特有の生活マナーなどをアドバイス。地元の方と共に行動する機会が自動的に提供され、地域や自治体の元で農業を学びながら働くなど、その地に足をつけて生活する体制が整っているのが魅力です。

料金は月額5万円、8万円、15万円のプランがあり、それぞれ一度に滞在できる期間が変わります。15万円のプランなら一度に最大6ヵ月滞在することが可能です。

行きつけの田舎を見つけ、拡張家族に出会う

Co-Sato

月額制から年会費制にリニューアル予定　展開エリア：長野県（今後拡大予定）

「Co-Sato」は都会に暮らしながら、自然豊かな場所で子どもをのびのび育てたい子育て世代に向けた二拠点生活サービスです。核家族化が進むなか、一家族では実現できない理想の生き方をコミュニティの力で実現することがコンセプト。このサービスでは山、川、海など大自然に囲まれた古民家をシェアしながら、拠点ごとに会員間で住まいをシェアします。また、拠点には子ども好きな学生スタッフが一緒に行動し、宿泊します。それぞれの拠点は、第二の実家のようなアットホームな居場所になるかもしれません。

https://co-sato.com/

長野県辰野町にある築100年の古民家。古き良き里山の原風景と文化に包まれた暮らしを体験することができる。

豊かな自然に囲まれた場所は季節の移り変わりをより一層感じる。

都心部に暮らしながらも子どもをのびのび育てたい、一年に帰る田舎がほしい…それを叶えてくれるのがCo－Sato。子育て家族に特化したこのサービスは、大自然に囲まれた緑豊かな場所で、お子さんと田舎暮らしができます。

拠点ごとに会員を募集しており、一拠点20家族程度が登録。会員間で拠点をシェアするという形態で、滞在中は2～3の会員家族と共に過ごします。同じ古民家に宿泊することで、家族同士が親戚のようになるアットホームさがあります。1家族1個室なので、プライベートもしっかりと守ることができます。子ども好きの学生スタッフも一緒に滞在しており、お子さんと一緒に遊んでくれます。

隔月一回のライトプラン、毎月一回のレギュラープラン、毎月二回のプレミアムプラン、毎月一回平日のみの平日限定プランの4つから選ぶことができます。一回の滞在では最大4泊まで宿泊可能。車をお持ちでなくても現地スタッフが駅やバス停まで送迎サービスもあります。

外泊したら家賃が下がる新しい賃貸

unito

月額：（例）都心部に週2～3日の滞在で6万円程度　**リレント値引額：**5,000円～／1泊　**初期費用：**物件によって発生

郊外や地方に拠点を置いたサブスクリプションが多い中、「unito」はホテルレジデンスやサービスアパートメントに1ヵ月から住むことのできるサービスです。斬新なシステムとして、不在日に部屋を貸し出す「リレント」機能があり、家に帰らない日は家賃がかからないので、多拠点生活の費用をおさえることができます。都心の快適な部屋を選んで、必要な日だけ暮らせるシステムです。通勤の便を考えて都心部で一人暮らしをしているならば、そこを手放してunitoに切り替えてみては？　家具・家電付きの部屋も多く、人気が上昇している新たな賃貸の形です。

https://unito.life/

京急蒲田駅から徒歩3分の「I-rent 京急蒲田」。毎日住むと180,000円、リレント料金は1日あたり4,500円※。

池尻大橋駅から徒歩３分にある「ホテルレジデンス大橋会館」。客室のほかにコリビングやラウンジも充実。

「郊外を拠点に平日だけ都心暮らし」「2〜3カ月の集中滞在」「オフィスに出社する日がけ滞在」などに便利なのがunito。礼金や契約（初回を除く）、光熱費などもなく、Ｗｉ－Ｆｉ付きで都心の一人暮らしを月々好きな日数からスタートできます。

他のサブスクリプションサービスと大きく異なるのは、リレントといって、部屋に帰らない日にその部屋を別の宿泊者に貸し出すことで家賃を下げることができる仕組みです。月に10日部屋を貸し出せば、実質20日分の家賃でその部屋に住めることになるため、多拠点生活者にぴったり。

掲載されているのは全国の物件で、約８割が都心部の物件です。ユーザーは物件をリサーチし、気に入ったら即スマホで申し込むことができる手軽さも人気の理由。リレント機能を使う場合も、スマホから申請すればＯＫです。リレントの際の部屋の清掃は民泊施設のスタッフが行い、荷物の管理なども対応します。

※サービス料、保証料別／２０２３年６月の金額。

「車×暮らし」のバンライフを体験

Carstay

キャンピングカーレンタル料：平均18,000円～／24時間　**キャンピングカーの掲載数：**約400台　**車中泊スポットの掲載数：**約340カ所（2023年6月時点）　**展開エリア：**全国

拠点を気ままに変えながらいろんな場所でワーケーションを楽しめる、車中泊の進化系「バンライフ」。バンライフとは、車を中心としたライフスタイルのことを言い、暮らしぶりを配信しているインスタグラマーやYouTuberが増えて、徐々に人気が高まっています。そんな暮らしをお試しできるのが、キャンピングカーや車中泊スポットを探すのに便利なシェアリングサービス「Carstay」です。写真は5人乗り、4人就寝可能、ワーケーション向けのデスクを配置した一台。18,000円～／24時間。

https://carstay.jp/ja/

9,700円で借りられる初心者向けのキャンピングカー。乗りやすい軽ワゴンのものもあり、細かいスペックまで写真で確認できる。

伊豆海の森スマイルキャンプ場。初めてのバンライフにおすすめの車中泊スポットも豊富。

Carstayは、キャンピングカーのレンタル・カーシェア、車中泊スポット・キャンプ場スペースのシェア・レンタルサービスです。車の所有者であるホルダー・ホストが車を使わないときに、ゲストはCarstayを通じて空いている車の予約がとれます。予約から受け取りまでスマホで完結でき、当日の流れや設備の使い方など、わからないことは所有者に直接チャットで聞くことができます。

なんと言っても、車種が豊富で、1~2人就寝できる軽キャンピングカーから、キッチンやテーブルがありキャンプ道具が無料でついてくるキャブコンまで、国内最大級の登録台数を誇ります。

多拠点生活のひとつの形、バンライフ。車と暮らしを掛け合わせたライフスタイルを体験できます。仕事をするための拠点を持ちつつ旅するように地域をわたり歩くこと、気の向くままに移動し続けることも可能です。多拠点生活の〝拠点〟は、住まいでなくても叶います。

交流の輪が拡がるツアー型ワーケーション

ソーシャルワーケーション

料金：61,600円／1週間滞在の場合　**滞在場所：**ESTINATE HOTEL 那覇
開催日：毎週日曜日（除外日程あり）

日曜の15時にチェックインして、1週間後の日曜10時にチェックアウト。このサイクルで毎週、沖縄ワーケーションツアーを開催している「ソーシャルワーケーション」。リゾート地でただリモートワークをするだけでなく、同じツアー参加者との時間も楽しめる交流型ワーケーションです。那覇市の国際通り近くの滞在先から最寄りの「波の上ビーチ」までは歩いて15分、散歩がてらのビーチリフレッシュが醍醐味。仕事、休暇、交流を組み合わせた新しい体験です。多拠点生活に憧れがあっても実現には至っていない人のトライアルにぜひおすすめです。

https://www.social-workation.com/

12㎡とコンパクトながらデスクを備えた客室。ベッドは幅120cmのセミダブルサイズ。

ホテル1階のラウンジに隣接するテラス。毎日夕刻から飲めるフリービールが好評。Wi-Fiも完備。

〝沖縄でワーケーション＋人との交流〟が手軽に叶うソーシャルワーケーション。交流を重視した一般的な居住系サブスクリプションは、一軒家や小規模施設である場合が多いですが、ソーシャルワーケーションは設備が充実したホテルが滞在場所。すでに滞在している人たちが作ったコミュニティに飛び込むようなことはなく、20名前後が同時に同期間滞在するツアー型になっているため、それぞれが「はじめまして」からスタートします。滞在初日の夜には、ツアー参加者と料理やお酒を楽しめるアイスブレイクイベントもあります。

ホテル宿泊者とツアー利用者が利用できるホテルのワークスペースには、独立したデスクやオンライン会議用の個室ブースが設置。キッチンが付いたコミュニティラウンジもあり、出会った仲間と雑談を交わしながら仕事したり、食事を楽しむこともできます。

滞在期間は1週間、料金は6万1600円／1週間。

※2023年7月現在（最新プランはオフィシャルサイトまで）

お手伝いをしながら知らない地域を旅する

おてつたび

受入先の事業者数：1,000以上（2023年6月時点）　**展開エリア：**日本全国　**滞在日数：**2日〜2カ月

「お手伝いをしながら旅がしたい人」と「人手不足を解消しながら地域の魅力を伝えたい」地域の人たちのマッチングサービス「おてつたび」。二拠点目を探したいなら、おてつたびを利用して地域にコミットしてみるのはどうでしょう。報酬を得られるだけでなく、「その地域でしかできない経験」が付加価値に。知らない地域の暮らしが経験できること、そして定住して仕事や子育てをしているときには巡り合えない人たちと親密になれることが多拠点生活の醍醐味ではないかと思います。まさにそのふたつの恵みを受けられるのが「おてつたび」です。

https://otetsutabi.com/

大手航空会社や地域創生に関わる企業、全国の自治体とコラボした企画も多数掲載されている。

定期的に、おてつたびMeetupイベントが開催。経験者だけでなく、おてつたびに興味のある人も参加できる。

現在、おてつたび先（お手伝いの受け入れ先）は、農業などの第一次産業が4割、宿泊などの観光業が4割、酒造やお祭りの補助などその他が2割で、共通しているのは地域に根差していることです。例えば伊豆高原のグランピングでの調理のお手伝いや南アルプスを望む長野の高原でリンゴの花摘み作業、八ヶ岳のコテージでの清掃業務など(※)、2〜3日のお手伝いもあれば2カ月のものもあり、どれも最低賃金以上の報酬を受け取れます。すべてのおてつたびには、寮やおてつたび先の方の家など、寝床が用意されています。

少子高齢化が進んでいる地域を中心とした自然豊かな場所での募集がほとんどなので、作業や出会いを楽しめるだけでなく、満天の星や海に沈む夕日が見られたり、美味しい地酒やお米が味わえることもあります。「どこそこ⁉︎」と思う地域でも行ってみるキッカケになる、日本の魅力に出会えるサービスです。

※以前募集のあったおてつたびです。現在は募集していません。

地域と繋がる「移住スカウトサービス」

SMOUT

掲載地域数：909　**掲載プロジェクト数：**9,394　**登録ユーザー数：**50,312（2023年5月31日現在）

「SMOUT」は、地域の人と地域に関わりたい人をつなぐマッチングWebサービスです。どんなシステムかというと、地域の人が作ったプロジェクト（各地域が発信した情報や企画）に対しユーザーが興味を示し、一方、地域の人はユーザーのプロフィールを見て直接スカウトを送り、やりとりを経てマッチングすることができます。ポイントは、地域の人自らがプロジェクトを作って人を募集していることです。さらに、直接メッセージのやり取りをするので、地域に行く前に「人とのつながり」を感じ、次の一歩が踏み出しやすくなります。

https://smout.jp/

写真は香川県さぬき市の「地域おこし協力隊」の募集。

「自分の仕事をつくる旅」がコンセプトの台湾でのお試し移住プロジェクト。海外のプランもあり。

2023年5月現在、募集中のプロジェクトの数は9394。その内容は地域おこし協力隊のような募集を始め、「沖永良部島で島の交流ディレクター」「石垣島で新規オープン予定の朝食屋さんのスタッフ募集」「北海道でホタテの耳吊りバイト」(※)など、地域に根差した内容が主です。まずはユーザーがプロフィールを登録し、地域の人が作ったプロジェクトの詳細を読んで「興味ある」または「応募したい」ボタンを押します。一方、地域側はプロフィールを読んでスカウトしたいと思った場合、メッセージを直接送ることができます。メッセージのやりとりを経て、マッチングすれば移住が決まります。プロジェクトは、観光的な体験や、セミナーといった情報収集から、現地ツアーや、地域で働く／住むまで幅広いラインナップです。住む場所は、その町にあるシェアハウスや空き家などもあり、移住前に地域の雰囲気を知ることができる〝お試し住宅〟に滞在するプロジェクトもあります。

※以前募集のあったプロジェクトです。現在募集しているわけではありません。

想定より安く購入できる空き家も
全国版空き家・空き地バンク

空き家バンク

参画自治体数：702（2023年7月12日現在／「アットホーム 空き家バンク」）

賃貸やホテル暮らし、多拠点生活者向けのサブスク以外に、サブ拠点を築く手段として思い切って家を購入する方法があります。ハードルが高いと感じるかもしれませんが、「全国版空き家・空き地バンク」を利用することでコストをおさえられる場合も。例えば、全国の空き家を検索できるサイト「アットホーム 空き家バンク」で“離島”や“温泉”をキーワードに検索すると、100万円に満たない物件が見つかることもあります。購入した家をDIYなどを駆使しながら自分の理想の住まいへと改築していく、空き家ならではの楽しみ方ができます。

https://www.akiya-athome.jp/

アットホーム株式会社が運営する全国版空き家・空き地バンク「アットホーム 空き家バンク」。

「島暮らし物件特集」や「古民家物件特集」など、こだわりの条件・テーマから空き家・空き地を探せる。

現在空き家が増加している日本では、官民が連携したさまざまな対策が講じられています。その主な取り組みに「全国版空き家・空き地バンク」があります。空き家バンクは自治体ごとに設置されていますが、各各の設置では検索がしづらく、認知も偏るため、2017年に国土交通省の事業によって「全国版空き家・空き地バンク」が構築されました。現在ではアットホーム株式会社と株式会社LIFULLの2サイトで、自治体を横断して簡単に空き家を検索できるようになっています。

空き家は地方の物件が主となりますが、その種類はさまざまです。「離島暮らしがしたい」「温泉地域で探したい」「古民家をリノベーションしたい」「農地が付いている物件がいい」など、二拠点目に求める条件や理想を強く持っているのなら、空き家を探してみるのはありだと思います。「家を買うなんて……」と敬遠してしまうのはもったいない。思わぬ掘り出し物件に出会えるかもしれませんよ。

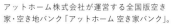

仲間と一緒に車を所有する

わりかんKINTO

初期費用フリープラン／解約金フリープラン※　契約期間：3年〜※

多拠点生活者にとって、車の有効活用は大きな課題のひとつです。そんな課題に対して、おすすめしたいサービスがあります。

車のサブスクリプションとして有名なトヨタのKINTOには、「わりかんKINTO」という新しいシェアリングサービスがあります。KINTOでサブスク契約をしている一台を、家族や友人など仲間同士でシェアし、月額料金を「わりかん」できるサービスです。車を利用しないタイミングに、仲間や知人と有効的にカーシェアリングができます。

アプリには予約管理や月額利用料などのコストも簡単にわかる機能もついていて、効率的にシェアすることができます。※KINTOの契約プラン。

https://kinto-jp.com/kinto_one/lp-warikan-kinto/

歩くにはちょっと遠い
場所の移動に

LUUP

主に都市部の移動の効率化に役立つのが、電動キックボードや電動アシスト自転車をシェアできるサービス「ＬＵＵＰ」です。近年さまざまなモビリティシェアサービスが増えていますが、中でもＬＵＵＰは街中にポートがあって[※]便利。好きなポートで借りて好きなポートへ返すだけ。ホテルのホッピングや駅から遠い拠点を利用するなら欠かせない移動手段に。

※２０２５年には、貸し出し拠点を現状の3倍に増設予定。

https://luup.sc/

道中を特別な思い出に変える
カーシェアリング

エニカ

移動手段にも新鮮なワクワクを求めるなら月会費が無料のエニカがおすすめ。新型車はもちろん、スポーツカーやクラシックカーなどの高級車を含む１１００以上の豊富な車種に、手頃な金額で乗れるカーシェア＆レンタカーサービス。多くのカーシェアは都市部を中心とした展開が多いなか、エニカは全国にオーナーがいるため、地方でも利用可能。半数以上の車が８０００円／24時間以下。

https://anyca.net/

手荷物預かりのシェアリングサービス

ecbo cloak

料金：500円～／月　**展開エリア：**全国　**提携店舗数：**1,000カ所以上

「ecbo cloak（エクボクローク）」は、スマホ予約で簡単に荷物を預けることができるサービスです。駅構内や郵便局、カフェなど、現在地から近い場所で荷物預かりが可能な施設を検索し、予約をすることで確実に預けることができます。スーツケースやバッグだけでなく、楽器やベビーカー、自転車、スポーツ用品など、コインロッカーには入れることが難しい大きさの物も預けることが可能。全国47都道府県1,000店舗以上と提携しているので、拠点を移動しながら観光したい時などにも便利です。もちろん荷物の紛失や破損などの万が一に備えた補償もあり、安心して預けることができます。

https://cloak.ecbo.io/ja

家具・家電は買わずにレンタル

CLAS

月額：440円〜　**展開エリア：**東京都、神奈川県、千葉県、埼玉県、大阪府※、京都府※、兵庫県※（※は一部地域を除く。今後拡大予定）　※2023年6月現在

家具と家電のレンタル・サブスク「CLAS」。家具・家電を１点から月額でレンタルできます。「所有しない」生活を促進できるうえ、拠点にしている場所でのQOLの向上にも役立ちます。拠点のゲストルームの寝心地が悪ければマットレスを、寒さや暑さが気になるときは移動式のエアコンや除湿器や加湿器を、仕事をする空間にこだわりたいならデスクやチェアをレンタルできます。例えば、マットレスなら１５４０円〜※、移動式エアコンなら３３００円〜※、オフィスチェアなら９９０円〜※／月など、価格もリーズナブル。定住しているときのような自分仕様の居心地の良さを多拠点生活でも叶えてくれます。　※2023年6月現在

https://clas.style/

おわりに

2023年を迎えてから3ヶ月くらいの間、私は心をすり減らしていました。私の「シェア」の概念を広げる活動の原点は世界平和。人類は皆、生まれ持って「良心」を備えている、一人ひとりが心を開いて、優しさの輪が広がっていくことが平和への道なのではないかと、性善説を信じられる世の中であってほしい、そう信じて活動してきました。

しかしこの一年は、そんな自分の信じる世界線から逆行するような、目を塞ぎたくなるような問題が相次ぎました。

ロシアのウクライナ侵攻によって憎しみ合う姿、人が人を非人道的に扱う姿、国内でも連続強盗や無差別殺人のニュースを目にすることが増え、「なるべく防犯しよう」「簡単に人を信用してはいけない」といった話題が日常の端々に聞こえるようになりました。

ＳＮＳを開けば正義と正義が音を立ててぶつかり合い、わかり合おう、つながろうとするどころか、シェアする世界から遠ざかっているような気がして、とても無力感を感じる日々が続きました。自分は、社会を変えてこられたのだろうかと。

しかし本書の制作の中で、多拠点ライフを通じて人の優しさやつながることの豊かさに触れて人生が変わっていく人たちの話や、開かれた場やニューローカルをつくろうと挑戦をしている人や企業の想いに触れ、急に世界を変えることはできなくても、一人ひとりが、それぞれの場所からつながりの輪を広げ、誰かの居場所やコミュニティを増やしていく活動の連鎖によって、社会が少しずつ、少しずつ変わっていけるのだと、改めて強く思うようになりました。

本書を手に取ってくださった皆さんと、そんな風に一緒に社会の景色を変えていけたら嬉しいです。背伸びした目標ではなく、未来に期待することにちょっと疲れてしまった私たちが、地に足がついた方法で、自分の豊かさも、地球の豊かさも、未来へ続く豊かさも、同時に手にすることができるようなサステナブルな未来を迎えにいきたい。ＳＤＧｓの目標期限である２０３０年頃には、分散型社会へと移行している風景が見られることを夢見ています。

私自身も伝えるだけでなく、全国各地にシェアできる場所や取り組みをもっともっと増やしていきます。日常の中で色んな人が集い安心できる空間も開いていきたいです。

私はずっとシェアハウス人生を送ってきましたが、みんなにご飯を作っている時が一番幸せな瞬間。血が繋がっていなかろうが、今日初めて会った人だろうが、日常の食卓を囲んで、みんなでご飯を食べる。その景色を見ているのが大好きなんです。そういう瞬間をもっともっと創っていきたいと思います。

誰もが、つながりと安心を心から感じることのできる世の中を願って。